Erich Fromm

人 心

The Heart of Man: Its Genius for Good and Evil

向善行恶之秉赋

〔美〕艾里希·弗洛姆 著
罗 娜 译

上海译文出版社

目 录

前　言

我在自己的一些早期著作中，提到过一些概念或想法，本书正是以此为基础的进一步阐述。在《逃避自由》（*Escape from Freedom*）一书中，我分析了自由、施虐、受虐和毁灭性等问题。与此同时，得益于临床实践经验和理论上的思考，我对自由以及各式各样的攻击性行为和毁灭性行为，有了更深刻的理解和认识。我已经能够对下面两种现象做出明确区分：一是直接或间接服务于生命的各种攻击性行为；另一则是毁灭性的恶性形式，即恋尸癖（necrophilia），它是人对死亡的真挚热爱，与我们对生命的热爱——亲生命性（biophilia），截然相反。基于我们对人类天性的了解，而非依靠上帝的启示或者参考人为制定的律法和惯例，我在《自我的追寻》（*Man for Himself*）一书中探讨了伦理准则问题。而在本书中，我将进一步追根究底，着重剖析恶的本质以及人们在善恶之间做出选择的本质。最后，就某些方面而言，《爱的艺术》（*The Art of Loving*）是本书的姐妹篇：前者主要探讨人关于爱的能力，后者主要探讨人的毁灭能力、自恋和乱伦固着（incestuous fixation）。虽说书中与爱无关的讨论占据了大部分篇幅，不过爱这一概念在此上升到了一种全新的、更广泛的层面，即对生命的热爱。我试图阐明：人对生命的热爱、人的独立性以及人对自恋的克服，会让我们形成“成长综合征”（syndrome of growth）；与此相反的是，人对死亡的热爱、乱伦共生关系以及恶性的自恋心理，会导致“衰退综合征”（syndrome of decay）。

我对衰退综合征的探究不仅有临床经验作支撑，还受到了过去这些年的社会和政治现实发展的启发。虽然我们心怀善意，也知道核战争爆发会引起怎样的后果，然而鉴于核武器竞赛持续不断、美苏冷战旷日持久①，与战争的可能性和危险的严重程度相比，人们为避免战争爆发所做的尝试和努力显得苍白无力。因此，揭开此类病征背后的原因，如今愈发迫在眉睫。对这一问题的关注使我开始研究在一个机械化程度越来越高的工业社会中人们对生命表现出来的无动于衷，身在这种社会中的人被转化成了物，其结果就是，人的心里充满焦虑，充满对生命的冷漠——倘若谈不上仇恨的话。除此之外，当今社会弥漫着暴力情绪，从青少年犯罪和约翰·肯尼迪总统遇刺等事件我们便可见一斑；这也要求我们对此有所了解并做出解释，以作为人们为改变未

① 本书写于1964年。1947年，美国开始推行“杜鲁门主义”，标志着冷战开始；1991年华约解散及苏联解体标志着冷战结束。在这段时期，以美苏为首的两极存在严重分歧和冲突，其对抗通常通过局部代理人战争、科技和军备竞赛、太空竞赛、外交竞争等方式进行，“相互遏制，不动武力”，此曰“冷战”。——译者

来而可能迈出的第一步。至此，我们便面临这样一个问题：人类是朝着一个未来即便没有核战争也称得上是某种新型的野蛮社会迈进呢，还是我们的人文主义传统依然有来日复兴的可能？

除了上述这些问题，本书还致力于理清我本人所主张的精神分析概念与弗洛伊德理论之间的关系。我从来不曾满足于被划归为一种新的精神分析"学派"，不管人们称之为"文化学派"(cultural school)还是"新弗洛伊德主义"(Neo-Freudianism)。我认为，这些新学派在形成宝贵深刻洞见的同时，也抛弃了弗洛伊德许多最重要的发现。我当然也不属于"正统弗洛伊德学派"。事实上，任何一种六十年之内始终不变的理论，单凭这一事实，它也不复昨日风光；它是一种僵化的重复，而重复本身就是某种变形。弗洛伊德的基本发现以某种哲学基础作为其参照框架，那就是机械唯物主义，该哲学思想在二十世纪初期为大多数自然科学家所接受。我认为，弗洛伊德思想的后续发展需要一种与此不同的哲学参照框架，那就是**辩证人文主义**(dialectic humanism)。我力图在本书中阐明：弗洛伊德最伟大的发现，即恋母情结(Oedipus complex)、自恋(narcissism)与死的本能(death instinct)，被其哲学前提自有的局限性束缚了手脚；而一旦从中解脱，置身于新的参照框架之中，弗洛伊德的这些发现会变得越来越有效力和意义。[①] 我认为，弗洛伊德为之奠定基础的研究工作，恰恰当

① 我想着重指出的是，此处这一精神分析概念并不意味着要拿如今人们所说的"存在主义式分析"来取代弗洛伊德的理论。这种取代往往浮（转下页）

它置于人文主义框架之中时，得益于后者看似矛盾地把毫不留情的批评、毫不妥协的现实主义立场以及散发理性光辉的信念此三者融合在一起的做法，才能得到富有成效的发展。

此外，本书表述的观点都是我作为精神分析学家从事临床工作得到的结果(某种程度上也是我观察研习社会发展进程的结果)。不过，与之有关的大量临床记录和说明，我是略去不提的。这些东西我准备用于撰写一部更重要的著作，以讨论人文主义精神分析学理论及疗法。

最后，我要感谢保罗・爱德华兹就《自由、决定论与选择论》一章提出的批判性建议。

艾里希・弗洛姆

(接上页)于表面，不过就是用了海德格尔或萨特(又或者胡塞尔)的一些语词，而未曾结合临床事实进行严肃而深入的思考。这一说法不仅适用于某些“存在主义”精神分析学家，用来批评萨特在心理学方面的主张也同样中肯：观点虽精妙，却失之浅陋，缺乏坚实有力的临床依据。与海德格尔一样，萨特的存在主义哲学并不是一个新的开端，而是一种终结。二者都是西方世界在罹受了两次世界大战带来的深重灾难、饱受希特勒等专制政权引发的祸患之苦后对绝望的表达；然而，二者又不仅仅是一种对绝望的表达，也是极端的资产阶级自我中心论与唯我论的体现。海德格尔同情纳粹，倘若我们对像他那样一位哲学家有所了解，这一点就更容易领会。萨特则更具欺骗性，他声称自己代表的是马克思主义，是属于未来的哲学家；可他不过是一个失范的社会风气和利己主义思想的鼓吹者，而这恰恰又是他本人抨击且希望加以改变的事。至于“生命不具有上帝所给予且保证的意义”这种观念，可见于不少思想体系；就各宗教派系而言，尤其显见于佛教。然而，就在萨特及其追随者宣称没有任何客观存在的价值适用于天下众生、萨特本人关于自由的论断几乎等同于利己主义的独断专行时，他们其实已经丢弃了有神论及无神论迄今为止取得的最重要的成就，同时也将人文主义传统抛在了身后。

第一章　人——狼还是羊？

这世上有很多人认为“人是羊”，另一些则认为“人是狼”。双方各执一词，有理有据。那些认为“人是羊”的，只需要摆出一个事实：人很容易受他人的摆布，去做一些甚至会伤及自身的事情；他们追随将领征战沙场，结果一无所获，只在所到之处留下满目疮痍；任何荒诞的谬论只要足够煽动又有权威撑腰，他们都会深信不疑——从神父和君王声色俱厉的威胁恐吓，到各种身份或明或暗之人想要说服他人时吐出的轻言软语，都是如此。大多数人似乎都很容易听信于人，像是半醒着的孩子，在任何足以让他们动摇的威胁或甜言蜜语面前，心甘情愿地放弃其自由意志。的确，那些内心有着坚定的信念、足以与普罗大众意见相左的人，实属例外现象，而非常规。这些与众不同的人往往要在几个世纪以后才会得到人们的尊崇景仰，而其中的大部分在其生活的年代里遭受着世人的冷嘲热讽。

正是基于“人是羊”这样的设想，宗教裁判所的大审判官和独裁者建立起他们的体系。更重要的是，“人是羊，因此需要领导者代其做决定”这种观念本身常常还让这些领导者发自肺腑地觉得：如果他们让别人得偿所愿，如果他们是那种让人从责任的枷锁和自由的负累之中解脱出来的领导者，他们所履行的就是一项颇具道德意义的职责——即便是一场悲剧，也同样如此。

然而，倘若大多数人真是羊，那为什么人的生命与羊会如此不同？人的历史由鲜血铸就，那是暴力纷争层出不穷的历史，武力几乎无一例外地被用来左右人的意志。是塔拉特·帕夏[①]以一己之力屠戮了几百万亚美尼亚人吗？是希特勒以一己之力屠戮了几百万犹太人吗？这些人不是凭一己之力，他们有成千上万的爪牙为他们残杀生命、对人施以酷刑，而且是自觉自愿、自得其乐地做着这些事。人对人的残暴行径，我们难道不是随处可见？惨绝人寰的战乱、谋杀强奸和恃强凌弱。遭辱受难的人们发出阵阵悲鸣，听者常常是充耳不闻、心肠冷硬、不为所动。一桩桩事实摆在眼前，使思想家们（如霍布斯）得出这样的结论：homo homini lupus（人与人互相为狼）。在他们的指引下，我们今天很多人认为，人性本恶；人天生具有毁灭性，他是个杀手，只有出于对更强大杀手的恐惧，他才会有所收敛，停止他最喜爱的杀人消遣。

然而，这两种观点都让我们心存疑惑。或许我们自己就听

---

① 塔拉特·帕夏（Talaat Pacha，1874—1921），第一次世界大战期间奥斯曼帝国的三个实际领袖之一。他通过两项措施发起亚美尼亚种族灭绝活动：其一是1915年4月24日在君士坦丁堡大规模逮捕亚美尼亚知识分子，其二是1915年5月30日颁布呼吁大规模驱逐亚美尼亚人的《特西尔法律》。——译者

说过某些像希特勒那样灭绝人性的杀人狂和施虐狂，他们有可能深藏不露，也可能形迹昭彰。这种事的确会发生，但那都是个别现象，而非常规。我们是不是该假定，你和我，还有大多数普通人，都是“披着羊皮的狼”：我们现在之所以没有变得像野兽一样凶残，是因为存在诸多抑制因素；而一旦挣脱束缚，我们“真实的天性”便将暴露无遗。这种设想很难推翻，却也难以令人信服。在人类的日常生活中，我们可以残暴地对待他人又不必顾虑任何打击报复，这样的情况多得数不清，可大多数人并不会这么做。事实上，很多人在残酷和暴虐行径面前，往往会生出一种极端厌恶之感。

如此说来，眼前这令我们迷惑不解的两难问题，究竟是否另有更合理的解释？我们是不是该假定：答案其实简单明了，那就是为数不多的狼和为数众多的羊并肩共存？狼要杀戮，羊要追随。因此，狼驱使羊去行凶，谋害绞杀他人；羊乖乖听狼指挥，不是出于喜欢，而是因为他们想要追随。即便是这种情形，杀人者也不得不编些故事出来，假称其事业之崇高，假称自己是自由受到威胁而奋起抵抗的人，假称自己是为丧命于刺刀之下的孩子、惨遭蹂躏的妇女和尊严被践踏之人报仇雪耻的义勇之士，从而驱使那为数众多的羊像狼一样作恶。这种说法听上去合情合理，却还是疑点甚多。这不就表示这世上存在两类人，一种具有狼性，另一种具有羊性？况且，如果不是天性如此，羊又何以如此轻易地被说服而变得行事如狼，即便暴力在他们面前不曾被伪装成一种神圣的职责，结果也是一样？我们关于狼与羊的假设或许是经不起推敲的；又或者真实情况竟然是：狼代表着人性最基本的特质，只是比起大多数人表现出来的羊性，狼不过是显得更加明目张胆？又或者，这种非此即彼的说法到头来居然是错误的。或许人既为狼、又为羊——抑或既非狼、亦非羊？

对上述这些问题的回答，在各国蠢蠢欲动地妄图利用最具毁灭性的武器一举扫除其“敌对势力”，即便自己也可能在这场大屠杀中灭绝净尽都在所不惜的今天，具有至关重要的意义。倘若我们听信“人本质上倾向于毁灭”的说法，认为人类使用武力和暴力是根植于此的内心需求，那么面对日益膨胀的野蛮行径，我们抵御的力量将会变得越来越弱。虽然相比之下有些人更具狼性，但既然大家都是狼，余下的人又何必防狼拒狼、如临大敌呢？

就其更广泛和更普遍的意义而言，“人是狼？是羊？”这个问题只是西方神学和哲学思想中众多基本议题之一的特殊表现形式，那就是：人本质上是邪恶堕落的还是良善可塑的？《旧约全书》并没有选择“人从根本上说是堕落的”这一立场。亚当和夏娃悖逆上帝的行为没有被称作“犯罪”，也没有任何迹象表明这一悖逆使人堕落。恰恰相反，此次悖逆之举为人类发展自我意识、为使其自身具备选择的能力创造了条件；因而说到底，这第一次悖逆实际上是人类迈向自由的第一步。亚当和夏娃的这种做法似乎也在上帝的计划之内，因为在先知看来，人类正因为遭到驱逐、远离乐土，才得以创造他自己的历史，发掘他身而为人的力量，并作为一个充分发展的独立个体在人与自然之间达成一种全新的和谐关系。这种和谐不同于他先前获得的和谐，那个时候他还没有成为一个独立的个体。先知们所崇尚的救世主之说毋庸置疑隐含着“人并非生性堕落”“无需上帝任何特殊的恩慈，人也能被拯救”的意味。然而它并没有暗示，人类这种向善的潜能必将赢得最后的胜利。一个人如果作了恶，他会变本加厉。所以，法老的心“变得冷硬起来”，因为他作恶不断；这副铁石心肠到最后再也不会发生任何变化，也绝无可能悔改。《旧约全书》里列举的恶人恶事起码与善人善事一样多，在作恶者名录中，就连尊贵如大卫王这样的人都不曾幸免。《旧约全书》的主张是：人兼具善恶两种品性，他必须在善恶之间、祝福与诅咒之间、生命与死亡之间做出选择。纵然是上帝，也没有擅加干涉。上帝只是差遣他的使者，即先知，把行事准则传达给世人以引导其躬行善事、明辨奸邪、警示不详、训诫不敬。可一切也就到此为止，之后便由人独自面对向善还是行恶的“两难之选”，而最终做的什么决定，则完完全全是他自个儿的事。

但此后基督教在这方面的发扬却是另一副面貌。在基督教会的发展过程中，亚当的悖逆是以罪恶论处的。事实上，这项罪严重到了败坏其本性的程度，也顺带着败坏了亚当所有后世子孙的本性。因此,仅凭自身的努力,人永远无法剔除身上的堕落之根。只有上帝施以天恩,让基督降临人世并为人类而死,才能彻底根绝人的堕落,并救赎那些信奉基督的人。

然而,在基督教会内部,这套原罪论也绝非人人首肯、毫无反对之声。贝拉基[1]抨击过,然而落败了。文艺复兴时期教会中的人文主义者虽然无法像许多异教徒所做的那样直接抨击或全盘否定,却也倾向于弱化其影响力。对"人与生俱来的恶与堕落"这个问题,如果非要指出各派主张之间有什么不同,可以说,路德[2]所持的观点只是更加激进。与此相对照的是,文艺复兴及其之后的启蒙运动时期思想家们,则在截然相反的方向迈出了非常极端的一步。后者宣称,人性中所有的恶只不过是特定环境导致的结果,因此人其实并不需要做什么选择。就此,他们认为,只要我们改变诱发罪恶的外在环境,人最初始的善几乎就会自发地涌现。这种观点也影响了马克思及其继承者。"人性本善"这一信念其实是人产生了新的自信的结果,这种自信乃得益于自文艺复兴时期以来人类社会在政治经济领

---

① 贝拉基(Pelagius, 360—420),基督教修道士兼神学家,居于罗马、迦太基及巴勒斯坦等处。他极力反对奥古斯丁派"人类完全堕落"之教义,提倡一种异端的自由意志教义,否认原罪,谓上帝恩典非人所不配得之恩赐,亦非得救所必须。——译者

② 马丁·路德(Martin Luther, 1483年11月10日—1546年2月18日),十六世纪欧洲宗教改革倡导者,基督教新教路德宗创始人。他认为人性本恶,并反对自由意志,坚信人在堕落之后,其自由意志不断地主动犯罪,只有在顺服上帝时才有行善的能力。——译者

域取得的巨大进步。与之正好相反的是，对“人具有作恶倾向”这一传统观念的强调，在西方世界道德沦丧之下再度抬头。这种道德沦丧始于第一次世界大战，贯穿了希特勒等人的所作所为，历经考文垂大轰炸和广岛原子弹事件，再延续至如今各国预谋发动的殃及全人类的毁灭性战争。性恶观引起了人们的新一轮重视，这是一剂有益人类健康的解毒剂，它使我们不再低估人性之恶与生俱来的内在潜能。只不过遗憾的是，有时由于理解错误，甚至有人歪曲其义，对人性恶的低估太常被用来奚落那些仍未对人类丧失信念的人们。

有些人的观点常常遭到误读，被认为是低估了人性恶的潜能；作为这些人中的一员，我想强调的是，这种过于感性的乐观主义并不是我思及此事时的心态。对任何有着长期临床经验的精神分析学家来说，若要他轻视人所具有的各种毁灭性力量，那当真是相当困难的一件事。在重度患者身上，他能亲见这些力量如何发挥效力，他也能亲身体验到在遏制它们或者引领它们往有益的方向发展时所面临的巨大困难。任何亲眼见证过自第一次世界大战以来邪恶之力和毁灭之力大爆发的人，若要他对人类所具有的毁灭性力量及其猛烈程度视而不见，那同样相当困难。然而，我们还存在着这样一种危险：那就是，笼罩着今人——包括知识分子和普通民众在内——的那种无力感有增无减，它或许会引导众人接受一个有关堕落和原罪的新版本；当人们认为“战争无可避免，因为它是人的本性中具有的毁灭性所导致的结果”时,此新版本便为这种失败主义观提供了依据,使之变得合情入理。这种观点有时颇以其极致的现实主义导向为荣,但它在两个方面却是不切实际的:其一,人类的各种毁灭行为来势凶猛,但这绝不意味着不可战胜,甚至也不意味着其占据了主导地位;其二,这种观点的谬误之处还在于它有个错误的前提,那就是战争主要是心理力量产生的结果。事实上,在理解社会政治现象时,我们几乎没有必要对这个谬误深思细想。战争是政界、军界和商界领袖们决定发动战争的结果,这些人图谋的是势力范围、自然资源和贸易优势,或者为了抵御真真假假的妨碍国家安全的外敌威胁,又或者为了壮大其个人威望和荣耀。这些人与普通人并无分别:自私自利,几乎不可能为了他人而放弃一己之利。可他们既不残忍,也不邪恶。比起损人害人,这样的人在日常生活中很可能是乐于行善的。可当其登上权力巅峰,足以号令百万之师,掌控着最具毁灭性的武器时,他们却可能带来巨大的灾祸。平民生活中的他们可能会摧毁某个与之竞争的对手,而在我们有着强大独立主权国家的世界中(“独立主权”意即不受制于任何试图约束该主权国家行为之道德法则),他们则可能毁灭整个人类。人类面临的主要危险,不是穷凶极恶的人,也不是施虐狂,而是**寻常人掌握着非同寻常的权力**。正如一个人需要武器才能克敌制胜,他同样也需要强烈的情感,如仇恨、义愤、毁灭冲动和恐惧,才能驱使成百上千万的人甘愿冒着生命危险奔赴战场成为刽子手。这些激情是发动战争的必要条件，它们不是原因，一如枪炮本身也不是战争爆发的原因。很多人注意到这一点，并且认为这是核战争与传统战争的不同之处。那个摁下核导弹发射按钮、可能就此断送成千上万条性命的人，他几乎体会不到一个端着刺刀或机枪的士兵结束一条鲜活生命时内心涌现的那种杀人的感受。然而，即便发射核导弹武器仅仅只是忠诚地执行上级命令，也还有这样一个问题：为了使这种行为成为可能，人的性格深处若不是具有毁灭性，是否定然存在一种对生命的极度冷漠？

我将在下文区分三类现象，在我看来，这三类现象构成了人最暴虐、危险的倾向形式的基础，它们是：对死亡的爱、恶性自恋以及共生乱伦固着(symbiotic-incestuous fixation)。这三种倾向合体之时，即形成“衰退综合征”，它**使人为了毁灭而毁灭**，为了仇恨而仇恨。与“衰退综合征”截然相反的，是我将予以描述的“成长综合征”，它由对生命的爱(对立于对死亡的热爱)、对人类的爱(对立于自恋)以及独立性(对立于共生乱伦固着)组成。这两类综合征只在少数人身上得到充分发展。但无可否认的是，每个人都朝着他已经选定的方向发展：向生或向死，向善或向恶。

第二章　暴力类型

虽然本书的主体部分致力于探讨毁灭性的多种恶性形式，但我想先对暴力的其他形式作一番讨论。我并非打算进行详尽的阐述，只是觉得暴力有病态程度较轻的外在表现，先对此展开分析，或许有助于我们理解毁灭性所具有的多种重度病态和恶性形式。对各式各样的暴力的区分，其根据乃在于背后各不相同的无意识动机；因为只有洞悉行为背后无意识的动态性因素，我们才能对行为本身、行为根源、行为发展过程以及为实现行为所积蓄的能量有所了解[①]。

最正常和非病态性的暴力形式是**游戏型暴力（playful violence）**。我们常见之于以下这种情形：人们使用暴力乃是为了一展所长，其志不在于毁灭，也并不是受到仇恨或毁灭冲动的驱使。这种游戏型暴力的例子在很多情形中都可以看到：从原始部落的战争游戏到禅宗弟子的剑术，都属于这一类。所有这些对抗性游戏，击杀不是目的；即便结果导致对手死亡，也可以归咎于对方“走位失误”。我们说游戏型暴力不具备主观毁灭意愿，这通常仅指此类游戏的理想类型。而在现实生活中，表面看来显然符合游戏逻辑，但在行为背后我们常常会发现暗藏其中的无意识攻击性和毁灭性冲动。不过即便如此，此类型暴力中的主要动机还是为了展现技能，而非毁灭。

比游戏型暴力更具现实意义的，是**反应型暴力（reactive violence）**。我所认为的反应型暴力，指的是人们为了捍卫自己或他人的生命、自由、尊严和财产而使用的暴力。它源于恐惧，也正因为如此，它很可能是最常见的暴力形式。这里的恐惧或许真实存在，也可能出自想象；或许是有意识的，也可能是无意识的。此类型暴力服务于生命，而非死亡；其目的在于存续，而非毁灭。它并不完全源于不理性的冲动，在某种程度上反倒是理性地深思熟虑的结果，因此它同样暗含着目的与手段之间某种分寸得宜的权衡。有人认为，从更高的宗教层面来看，杀人这种事，即使是出于防卫，从道德上讲也无论如何都是不对的。不过，大多数持这种观点的人也承认，为捍卫生命而诉诸的暴力与纯粹为了毁灭而行使的暴力，二者具有本质差别。

人们感觉自己受到威胁并随之产生反应型暴力行为，这常

---

① 有关攻击性的多种形式，详见精神分析研究的相关丰富资料，可特别参考《儿童精神分析研究》多卷本中的各种文章［*The Psychoanalytic Study of the Child*（New York：International Universities Press）］；有关人类与动物攻击性问题，可特别参考斯各特所著的《攻击行为》［J. P. Scott, *Aggression*（Chicago：University of Chicago Press，1958）］；此外还有阿诺德·布斯所著的《攻击心理学》［Arnold H. Buss，*The Psychology of Aggression*（New York：John Wiley & son，1961）］；再有莱昂纳德·伯科维茨所著的《攻击行为》［Leonard Berkowitz，*Aggression*（New York：McGraw-Hill. Co.，1962）］。

常不是基于客观现实，而是基于人思想上的操纵。政治领袖和宗教领袖使其追随者们相信他们受到了敌人的威胁，从而激起充满敌意的主观反应。照此说来，资本主义政府和共产主义政府以及罗马天主教会对正义之战与不义之战的区分，是最值得商榷的，因为每一方都成功地把自己说成处于抵御外来攻击的被动处境。[①] 几乎没有哪一场侵略战争可以不必假借防御这种说辞。至于谁才是名副其实的防御者，却通常由胜利者决定；有时候还只能等到很久以后，由更加客观的历史学家们予以评定。假装任何战争都属防御性质的这种倾向揭示了两件事：首先，大多数人，至少在大部分文明国家，是不能在强迫之下杀人或丧命的，除非他们一开始就相信自己这么做是为了捍卫其生命和自由；其次它表明，要想说服几百万人，让他们相信自己正处于被攻击的危险，继而将其号召起来进行自我防御，这并不是一件难事。能成功说服，最主要的原因在于人们缺乏独立思考、缺乏独立自觉的感情，在于大多数人在情感上对其政治领袖的依赖。有了这种依赖，几乎一切事物，但凡说得掷地有声，人们都会信以为真。如果人们相信自己身陷于他人所声称的威胁之中，其引发的心理结果毋庸置疑与他们真正受到威胁时是一样的。人们**感受**到威胁，为了自我防卫，他们愿意

---

① 1939 年，希特勒不得不制造被袭假象，宣称波兰军队（实际是纳粹党卫军）对西里西亚电台发动袭击，以此使德国民众相信他们自己受到攻击，实则为肆意突袭波兰寻找“正义之战”的借口。

杀人毁物。在偏执型被害妄想症患者身上,我们发现了同样的机制,只不过不是群体而是个人罢了。在这两种情形中,个体在主观上感到自己身处危险,并做出攻击性反应。

反应型暴力的另一个方面,是由**受挫**引发的暴力行为。动物、儿童和成人在愿望或需求受挫时,我们在其身上见到攻击行为。[①] 这种攻击行为是一种努力和尝试,虽然往往徒劳无功,却能体现个体试图通过使用暴力来实现那个受挫的目标。它显然是一种为生命效力而采取的攻击行为,而非纯粹为了毁灭。直至今日,在大多数社会中,需求受挫与欲望受挫几乎从来都是一种普遍现象,因此我们没有理由对暴力和攻击行为屡见不鲜感到讶异。

与受挫引发的攻击行为有关的,是**羡慕**和**嫉妒**造成的敌意。嫉妒和羡慕,此二者都构成一种特殊的挫折。起因源于下面这一事实:甲所欲求的,为乙所拥有;或者甲所欲得的爱情,对方却恋慕着乙。甲求而不得的,为乙所得,甲心中激起对乙的恨意和敌意。羡慕和嫉妒是挫折,这一点因为"甲不仅求而不得,而且所欲求的却偏偏落在他人手里"变得更加突出。《圣经》中该隐的故事里,该隐本身并无过错,却不为上帝所喜,[②]

---

① 参见多拉德等人内容丰富的著作《挫折与攻击》[J. Dollard, L. W. Doob, N. E. Miller, O. H. Mowrer, and R. R. Sears. *Frustration and Aggression* (New Haven: Yale University Press, 1939)]。

② 耶和华没有看中他呈献的蔬菜和粮食,而看中了他弟弟亚伯献上的头生的羊和羊的脂油。——译者

后来他把蒙神悦纳的兄弟亚伯杀死在田间。还有约瑟夫及其异母兄弟们的故事[1],都是嫉妒和羡慕的经典版本。有关与此相同的现象,精神分析研究文献提供了大量临床数据。

另一类与反应型暴力有关但已经朝病态方向进了一步的,是**报复型暴力(revengeful violence)**。反应型暴力的目的,在于规避个体在威胁中感知到的伤害,正因为如此,这种暴力具备有益于个体生存的生物功能。而在报复型暴力中,伤害已然造成,因此暴力并不具有防御功能。它有一种"使现实中已经发生的事情奇迹般地回到当初"的不理性的作用。在个体身上以及原始社会和文明社会的群体中,我们会看到报复型暴力。在分析此类暴力的非理性本质时,我们可以更进一步。报复的动机强弱程度,与群体或个体的力量和生产能力强弱程度成反比。无能之人和残障之人在受到伤害时,只有一条途径修复其被粉碎的自尊:根据"同态复仇法"[2]来"以眼还眼"。与此相对的是,生产能力强的人并没有或者几乎没有这种需求:即便他受伤、受辱、受损,单单因为他过着多产而富有成效的生活,他便会忘却从前受到的伤害。生产能力被证明比复仇愿望更

---

① 在他父亲雅各的众多儿子中,约瑟夫最受宠,他拥有一件父亲送给他的、当时极其珍贵的多色鲜艳外衣,因而招来他同父异母兄弟们的嫉妒。——译者

② 同态复仇法:一种以人身偿债的手段。语出制定于公元前五世纪中叶的罗马第一部成文法典《十二铜表法》:毁伤他人肢体而不能和解的,他人亦得依同态复仇而毁伤其肢体。——译者

加强烈。这一分析是否贴合事实,从个体层面和社会层面的实际经验数据中,我们可以轻易得到证实。精神分析材料表明,心智成熟、生活多产的人更少受到复仇欲望的驱使;而相比之下,难以完全独立生活的神经症患者往往倾向于将他全部的人生意义系于复仇愿望之上。在重度精神机能障碍患者身上,复仇成为其生命的主要目标;因为没有复仇,不仅他的自尊濒临坍塌,而且自我意识和自我身份认同也可能面临崩溃的危险。与此类似的是,我们也发现,(经济或文化和情感方面)最落后的人类群体,(因某次民族战争失败而酝酿的)复仇之念似乎也最强烈。因此,工业化国家中那些生活最窘迫的低中层阶级,在很多国家都是复仇情感的聚焦中心;无独有偶,他们也是种族主义和民族主义情感的聚焦中心。通过采取"投射性问卷"①的办法,我们在强烈的复仇情感与经济文化贫困之间建立起相关性,这一点是容易办到的;相比之下,要理解原始社会的复仇现象,可能更复杂棘手一些。很多原始社会拥有强烈的、甚至制度化的复仇情感和模式,而且对群体中某个成员所受到的伤害,整个群体都觉得有义务为其报仇雪恨。此处可能有两个因素起着决定性作用。其一与上文所述如出一辙:精神匮乏的状态遍及整个原始社会群体,使复仇成为一种补偿损

① 一种开放性问卷,研究人员会根据问卷填写人员的无意识和非有意的含义,对其答案给出解释。如此一来,得到的数据便不是基于"个体意见",而是基于在个体内部无意识地发挥效力的各种作用力。

失的必要手段;其二是自恋心理,本书第四章将对这一现象展开详尽阐述。此处无需赘言的是,鉴于原始社会群体天生具有强烈的自恋心理,任何有辱其自我形象的言语或行为都极具毁灭性,乃至可以轻而易举地引发强烈的敌意。

与报复型暴力密切相关的,是毁灭性的源头。这种毁灭性因信仰崩塌而起,常常发生于儿童的生活之中。那么,此处的“信念崩塌”是什么意思呢?

儿童带着对善、爱和公正的信念,开始他的生命之旅。幼儿对其母亲的乳房心存信任,相信母亲会在他寒冷之时随时给他温暖,在他病痛之时随时给他抚慰。这种信任可以是对父亲、母亲、祖父母或任何一个与他亲近的人;它也可以表现为对上帝的信仰。对许多个体而言,这种信任在其早期阶段就被粉碎了。孩子发现父亲在某件重要的事情上撒谎;看见父亲懦弱又惧内,为了取悦母亲随时准备背叛自己(指孩子);他目睹父母性交,由此可能觉得父亲就像一头野兽;他不开心或是受了惊吓,可那口口声声说着多么关心他的父亲和母亲却对此浑然不觉,又或者即便他说出口了,他们依然不闻不问。孩子最开始相信父母对他的爱,相信他们是坦诚和公正的,然而这一原初信念后来会遭到多次打击而摔得粉碎。有时候,在有着宗教信仰的孩子身上,信念的丧失会直接关系到上帝。他喜欢的小鸟、朋友或姐妹死了,经历了这种事之后的孩子,他心里“上帝是善而公正的”这个信念会因此而破灭。至于破灭的是他对人的信念还是对上帝的信念,其实并没有多大分别。他内心破灭的,往往是对生命的信念,对自己有可能相信生命、有可能对生命怀有信心的信念。每个孩子都会经历很多次幻灭,这千真万确;但其中重要的,是某种特定失望情绪的尖锐程度和严重程度。第一次和至关重要的一次信念破灭,常常发生在幼年时期:四、五、六岁甚至更早,发生在个体几乎没什么记忆的人生阶段。而信念的最终破灭,常常发生在更晚些的某个年龄段。朋友背叛、恋人变心、被老师辜负、被宗教或政治领袖欺骗等等,这些人曾经都是他信任的对象。一个人信念的坍塌,极少是因为个别事件;更确切地说,应该是因为一系列微小的经历日积月累,最终聚积而致。个体经历了这些变故,其所做出的反应也因人而异。在别人令其失望之后,有些人的反应是让自己变得更加独立,并且因为能找到自己信赖并深信不疑的新朋友、新老师和新恋人而切断对原先那个人的依赖。对待早期令个体失望的人或事,这是最理想的反应。但在很多其他情形中,事情发展的结果是个体仍然心存疑虑,他指望着奇迹出现来修复自己的信念和考验他人;而当这些接受考验的人再次令他失望时,他又会盼着继续考验其他人,或者主动投身于强权的怀抱(教会、政党或领袖)以便重拾信念。他往往会狂热地追求一些世俗目标,如金钱、权力或威望,以此来克服因为对生命失去信念而引发的内心的绝望。

即便如此,在暴力这个概念下讨论的颇具重要性的反应,却是另外一种类型。被人欺骗至深和极度失望的个体，也可能开始仇视生命。一个人倘若没有任何事和任何人能令他深信不疑，倘若他对善和公正的信念自始至终不过是一种愚蠢的错觉，倘若生命的主宰是魔鬼而非上帝——那么，生命确实是惹人厌憎的，他再也无法忍受失望带来的痛苦。他想要证明生命是邪恶的，人是邪恶的，自我也是邪恶的。这个曾经相信并热爱生命而如今失望透顶的人，于是乎变成一个愤世嫉俗的人和毁灭者。这种毁灭的力量是绝望的力量，生活中的失望已经引发了他对生命的憎恨。

在我的临床经验中，扎根于个体内心深处的这些丧失信念的经历出现频率很高，并且常常构成该个体生命中最重要的意义所在。这种情形同样适用于社会生活层面：个体曾经信任的领袖到头来却是个邪恶或无能的人；倘若他的反应不是变得更加独立，那么他往往会变得多疑恨世或者极具毁灭性。

所有这些暴力形式都在为生命效力，有根据实际情况量力而行的、有幻想奇迹般回到伤害造成之前的，也有至少是因为个体在生活中受到伤害或心生失望而造成后果的；而下面要谈到的这种形式，即**补偿型暴力（compensatory violence）**，是一种病态性质更严重的形式，尽管它比本书第三章将要讨论的恋尸癖犹有不及。

我所说的补偿型暴力，是生产活动发生在无能的个体身上时，该个体无力从事生产转而使用的暴力，以此来替代生产活动。为了便于理解此处所说的"无能"(impotence)概念,我们必须对某些需要预先考虑到的问题作一番说明。人类是自然力量和社会力量主宰的对象;但与此同时,他又并不仅仅是外在环境作用的对象,他还拥有意志、能力和自由,可以在一定限度内转化和改变世界。[1] 此处关键的,不是意志和自由的范围,而是这样一个事实:人无法忍受自己处于绝对的被动状态。他被驱策着要在这个世界上留下自己的印记,要转化、要改变,而非只是被转化和被改变。这种人类需求表现在早期的洞窟壁画、一切技艺和艺术活动、生产劳作以及性行为等方面。所有这些活动都是人类施展才干的结果,这种才干使人类自觉地确定目的,并为之不懈努力,直到实现预定目标。能如此发挥自身各种力量的这种才干,就是**能力**(**potency**,性能力只是能力的诸多形式之一)。倘若因为软弱、焦虑或者无法胜任等原因,个体无法付诸**行动**;倘若他**无能**(**impotent**),那他就会为此受苦。这种因为无能而遭受的痛苦,其根源恰恰在于他内心的平衡被打破,在于仅仅只是看着自己完全无能为力而不尝试努力修复其行动能力的这种状态他根本无法接受。然而,他做得到吗?又该怎么做?方式之一,就是屈从和认同执掌权力之人或群体。象征性地参与他人生命的这种做法,给个体制造了一种行动的假象;只不过在现实中,他仅仅是屈从于并成为那些

---

[1] 关于自由问题的讨论,详见第六章。

真正采取行动的人群的一分子。另一种方式,也是我们在暴力概念下最感兴趣的一种方式,那就是个体用于破坏和毁灭的力量。

创造生命,是人犹如被甩出骰盅的骰子,被丢进生活却努力超越现状。毁灭生命,也意味着超越现状,意味着个体要逃离那种完全被动的状态带给他的无法忍受的痛苦。创造生命需要人具备某些品性,而无能的个体恰恰缺少这些品性。毁灭生命只需要人具备一个特点,那就是会使用武力。一个无能的人,如果手上有一支枪、一把刀或者强有力的臂膀,那么毁灭别人的或者他自己的生命,他便超越了生命。如此一来,因为**生活将他拒之门外,他便对生活施以报复**。补偿型暴力正是这种根植于个体的无能且个体又为其无能做出补偿的暴力类型。如若不能创造,他便欲求摧毁。在创造和摧毁中,他超越了他原本仅仅作为被创造之物的角色。法国作家阿尔贝·加缪在其四幕悲剧《卡利古拉》中,借古罗马暴君卡利古拉之口精辟地表达了这种想法:“我活着,我杀戮,我行使一个毁灭者所拥有的令人如痴如狂的权力;与它比起来,一个创造者所拥有的力量简直就是无知稚儿的小把戏。”这就是残缺之人的暴力,是那些生命不曾给他们留有任何余地让其施展人类特有力量之人所热衷于使用的暴力。他们想要摧毁,恰恰因为他们是人类,因为生而为人就意味着注定要超越物性(thingness)。

与补偿型暴力密切相关的,是一种想要完全、绝对地主宰生命体(动物或人)的内驱力。这种内驱力是**施虐狂**(sadism)的本质。正如我在《逃避自由》一书中所指出的,对施虐狂而言,把痛苦加诸他人身上的这种愿望,并不是其本质。我们能观察到的施虐狂的所有不同形式,都可以归结为一个本质性的冲动,即完全主宰另一个人,把他变成一个被我们的意志操纵却又对此无能为力的对象,成为他的上帝,随心所欲地摆布他。羞辱和奴役他,只是实现这一目的的手段;而最彻底的做法,是令他受苦,在他无法自卫的情况下强迫他历经痛苦折磨。就主宰他人而言,没有比这更强大的权力了。他人(或者其他生物)完全处于他的掌控之下,这给他带来的愉悦感正是施虐冲动真正的本质。为了明确表述这一观点,我们也可以换一种说法,那就是,施虐狂志在把一个人变成物,把有生命变成无生命,因为在他人完全且绝对主宰之下的生命体已经失去了生命最基本的特征——自由。

一个人只有充分体会到个体和群体所爆发的毁灭性暴力和施虐暴力是多么地强烈和频繁,他才能真正理解补偿型暴力不是什么浅表性的暴力,不是某些恶劣的影响导致的后果,不是什么怪癖恶习,诸如此类。它是人具有的内在力量,其强烈程度和坚定程度丝毫不逊于人想要活下去的愿望。它之所以如此强烈,恰恰因为它被认为是生命面对其所遭受的摧残而奋力做出的反抗。人具有诉诸毁灭性暴力和施虐暴力的潜在可能性,是因为他是人类,因为他不是物,也因为倘若他无法创造生命和生活,他必得毁灭它。古罗马斗兽场的观众席上,成千上万的人们目睹角斗士被各种野兽撕咬吞食或者自相残杀,他们从中获得无与伦比的愉悦,这是施虐狂最具代表性的典范。

讨论到这一步,我们有了一些别的发现。补偿型暴力,是人不曾真正活过和生命遭逢残缺的结果,而且是其必然结果。它可能会因为个体惧怕惩罚而受到抑制,它甚至可能受到各种各样奇观异事和消遣娱乐的阻碍而不曾真正施展。然而,它仍是马力十足、蓄势待发,一旦压制它的力量有所减弱,它便会突围显露。要杜绝补偿型暴力造成任何毁灭性后果,唯一的对策,是发掘个体所具有的创造性潜能,发展其运用人类所特有的力量从事生产活动的能力。只有当他不再残缺,他才会停止充当毁灭者和施虐者的角色;也只有当人类生活于能对生命产生兴趣的环境,才会彻底消除那些让人类从古至今的历史都变得如此可耻的种种冲动。补偿型暴力不同于为生命效力的反应型暴力,它是生命的病态替代品,它意味着生命中的伤残苦痛和空洞虚无。只不过,它对生命的否定反而恰恰说明:人需要的是感受生命的鲜活,而不是遭逢残缺。

除上文所述,还有最后一种暴力类型需要我们加以描述:原始**“嗜血型”暴力(archaic “blood thirst”)**。它不是残缺之人所使用的暴力,而是个体对血的渴望,这种个体至今仍然完全封裹于他与自然的联结纽带之中不得解脱。考虑到他是害怕奋勇向前、害怕做一个完完全全的人(此种选择我将在下文予以讨论),从这一点来看,他所使用的暴力是他对杀戮的激情,他把杀戮视为超越生命的一种方式。他退行到人类生存的前个体状态(pre-individual state),变得像动物一样,并因此从理性的沉重枷锁中解脱出来。通过采取这些做法,他试图寻找生命的答案。对这样的人来说,血变成了生命的本质,流血即是感受生命的鲜活,感受强悍、感受独一无二、感受唯我独尊。杀戮成了他为之心醉神迷的事,成了他在最原始的意义上予以自己的极大肯定。而与之相对的是,被他人所杀,是杀害他人之外唯一符合逻辑的选择。这是远古人类所尊崇的生命平衡:人要尽其所能地杀戮;当他的生命因此而饱嗜鲜血,他便随时准备被他人所杀。这种意义上的杀戮,本质上不是对死亡的爱,它是个体在最深程度的退行层次上对生命的肯定和超越。我们可以在个体身上看到这种对血的渴望:有时在他们的幻想或梦境里,有时在他们严重的精神疾病发作或杀人的时候。我们也可以在战乱时期的一小部分人身上看到它:国际战争也好,国家内战也罢,正常的社会规范禁令在这种时候都变得形同虚设。我们在古代社会中看到它,杀戮与被杀并存着统摄生命,是两个彼此对立的极端。我们可以在类似阿兹特克人的人祭、黑山[①]或科西嘉等地发生的血腥复仇事件以及《旧约全

① 参见米洛万·吉拉斯有关黑山人生活方式的图片。据他所言,杀戮在其中被视为一个人所能经历的最自豪和陶醉的事。

书》中以鲜血作为对上帝的献祭等现象中看到它。对这种杀戮之乐最明晰的描述,可见于福楼拜短篇小说《慈悲·圣·朱莲的传说》。福楼拜描绘了一个从出生之日起就被预言将来会成为一位伟大征服者和伟大圣人的角色;他像一个正常的孩子那样长大,直到有一天,他发现杀戮能让他兴奋。在教堂参加弥撒时,他好几次注意到有只小老鼠从墙边的洞里蹿出来。这令他很恼火,便下决心除掉它,了却这烦心事。"于是,他把门关死,在圣坛台阶上撒了点蛋糕屑,手里攥着根棍子,全神贯注地守在洞口。过了很久,一只小小的粉红色鼻尖出现了,接着整只老鼠现出身来。他轻手一击,然后惊骇地看着那具小小的不再动弹的尸体。一滴血玷污了石板地面。他用袖子飞快地擦掉血迹,把老鼠扔了出去,事后对人只字未提。"后来,他又掐死了一只鸟,掐它的时候"鸟痛苦地扭动,他胸口突突直跳,内心充满了野蛮而狂暴的喜悦"。他尝到了流血带来的极度兴奋,从此痴迷于宰杀动物而不可自拔。任凭什么身强力壮抑或动作敏捷的动物都逃不掉被他宰杀的命运。杀戮成了他超越所有生命的终极自我肯定。在之后的很多年月里,他唯一的激情和唯一兴奋的事就是杀生。晚上回来的时候,他"浑身上下沾满了鲜血和污泥,散发着野兽的气息。他变得和它们一样"。变成一只野兽的目标,他几乎就要实现了;可是生而为人,他做不到。有个声音告诉他,他最后可能会杀了他的亲生父母。惊恐之下,他逃离了城堡,不再杀生,并且成了一位令人闻风丧胆、远近闻名的军队领袖。他征战疆场，打了多次胜仗。一次大捷后，他得到了赏赐，被赐予一位美丽绝伦、温柔可爱的女子。于是他结束戎马生涯，与她安顿下来，期待着过上无比幸福的生活。然而过了没多久，他便厌倦了，终日闷闷不乐。后来有一天，他又开始打猎，却有一股奇怪的力量总让他的子弹射空。“接着，所有他从前猎杀的动物齐齐再现，绕着他围成一个密不透风的圈，有些蹲着，有些直挺挺站着。困在圈中的朱莲吓得僵住，一动也不敢动。”他决定回到妻子身边，回城堡去。此时，他年迈的父母亲已经来到家中，安睡在他妻子腾出来的主人卧房里。他却误以为那是妻子和她的情夫，一怒之下毫不留情地把两人杀了。当他的退行达到一定的严重程度，他便会发生翻天覆地的变化。他后来确实成为了一位圣人，把自己的余生奉献给了穷人和病人，最后还拥抱了麻风病人，施以温暖。“朱莲升上了广袤的蓝天，面见我主耶稣，主耶稣领着他进了天堂。”

福楼拜在小说里描述了嗜血的本质：它是个体以最原始的形式表现出来的对生命的沉醉。由此看来，一个人在接触到这种与生命建立关联的最原始的形式时，他能迷途知返，获得最高层次的发展，通过其人性的力量重拾对生命的肯定。重要的是，我们要知道：这种对杀戮的渴望，正如我前文所述，与对死亡的爱不是一回事（关于这个话题，第三章将予以详述）。血被当成生命的本质体验；让他人流血死亡，是为了给大地母亲增添养分，她需要血来变得丰饶肥沃。（试比较阿兹特克人的信仰，他们觉得有必要用人血献祭太阳神，以此为条件，祈求来年宇宙和谐、风调雨顺；或者参照《圣经》中该隐与亚伯的故事。）即便流的是自己的血，那也滋养了大地之母，并与之融为一体。

在这一退行层次上，血似乎等同于精子，大地则等同于繁衍后代的人类女性。精卵之分，体现的是男女之别，只有在人类真正成为地球万物的主宰、女性成为男性的欲和爱的对象时[①]，这一对立关系才能占据最核心的地位。流血终于死亡，流精终于新生。虽然前者几乎有如自然界动物性的存在，然而二者在目标上却是一致的，即志在对生命的肯定。一个杀戮者，如果他完完全全脱离母体成为一个独立个体，如果他摆脱大地的羁绊，如果他克服自恋心理的话，他可以变成一个爱人者。然而不可否认的是，倘若他做不到这些，那么他的自恋倾向和返古固着会把他困于其中，不得解脱；这种束缚他的方式，将使他的生命之路无限靠近死亡之途，近到我们可能很难分辨：他究竟是个嗜血的人，还是热爱死亡的人。

---

① 《圣经》故事里说，上帝创造夏娃，让她做亚当的“搭档和伴侣”，由此不难推知这一新的功用。

第三章　死亡之爱和生命之爱

上一章我们讨论了暴力和攻击行为的几种类型，鉴于它们都是（或者看上去是）直接或间接地服务于生命的目的，因此或多或少可以被视为良性类型。在本章及其后几章里，我们将着重探讨对生命具有直接性**不利**影响的几种倾向（tendencies），它们构成了重度精神疾病的核心，并且可以说是真正的恶的本质所在。我们将讨论三种不同的取向（orientations）：恋尸癖（对立于亲生命性）、自恋以及个体对母亲的共生固着。

我将表明，这三种取向都有其良性形式，造成的影响可能微乎其微，甚至弱到根本不会被认为是病态的倾向。不过，我们的重心乃在于这三种取向的各种恶性形式，它们以其各自最严重的形式彼此交汇融合，最终形成"衰退综合征"。这一综合征集中体现了恶的精髓。与此同时，它也是最严重的精神疾病，是最恶劣的毁灭性和非人性的根源所在。

关于恋尸癖问题的核心，我想不出还有哪种说法比西班牙哲学家米格尔·德·乌纳穆诺（Miguel de Unamuno）所讲的短短几句话更一针见血的了。当时，西班牙内战刚刚开始，乌纳穆诺时任萨拉曼卡大学校长。在那一年的开学典礼上，西班牙纳粹头目米连·阿斯特赖(Millán Astray)将军发表了演讲。这位将军最钟爱的口号是“死亡万岁！(Viva la muerte!)”。演讲过程中，大厅后排座位上将军的某个追随者高声喊出了这句口号。将军演讲结束时，乌纳穆诺站起来说：

> “……我刚刚听见有人怀着对死亡的无比向往，愚蠢而荒谬地大声喊着：‘死亡万岁！’我呢，毕生都在研究悖论，一些不理解的人对此感到很恼火。可作为这一领域的权威专家，我必须告诉你们，你们所喊的，是个无比荒诞的悖论，它令我感到厌恶。米连·阿斯特赖将军是位残疾人。让我们不夹杂任何鄙夷之气地这样说吧。他是位在战争中负伤的残疾人。塞万提斯也是。不幸的是，今天的西班牙已经有太多的残疾人，如果上帝不出手相助的话，今后恐怕还会出现更多。一想到会由米连·阿斯特赖将军发号施令，左右民众的所思所想，我就十分痛苦。一位缺乏塞万提斯那样伟大精神的残疾人，他会乐得在身边人一个个肢体残缺的惨剧中寻找阴暗的慰藉。”

听到这里，米连·阿斯特赖将军再也坐不住了。“打倒知识！(Abajo la inteligencia!)”他高声喊道。“死亡万岁！”这句口号得到了佛朗哥分子山呼海啸般的回应。然而，乌纳穆诺继续说道：

> “这里是知识的神庙，我是它的大祭司。是你们亵渎了它的圣殿。你们会以武力压服，因为你们拥有的野蛮力量绰绰有余。可你们不会令人心服，因为要想令人心服，你们得设法说服；而想要说服，你们就需要本身偏偏欠缺的品质：在奋争中具备的理性和正义。我想，这个时候劝诫你们要多为西班牙着想大概也是徒劳。我言尽于此。”①

乌纳穆诺谈到“死亡万岁！”这一口号崇尚死亡的特征时，他触及了“恶”这个问题的核心。在心理和道德层面，热爱死亡的人对立于热爱生命的人，崇尚死亡的人对立于崇尚生命的人，没有什么对立关系比这两组更具本质性差异的了。这并不是表示，一个人必然非此即彼地属于“彻底崇尚死亡或者全然崇尚生命”这两种极端情况之一。有些人死心塌地信奉死亡，那是一些精神失常的人。还有一些人为了他人的生命，毫无保留地奉献了自己，这些人令我们肃然起敬，他们被认为是实现

---

① 转引自休·托马斯《西班牙内战》一书（*The Spanish Civil War*. New York: Harper & Row, 1961: pp. 354－355）。乌纳穆诺的这段演讲由托马斯引自波尔蒂略（L. Portillo）发表在《地平线》（*Horizon*）杂志上的西语英译，后由西里尔·康诺利（Cyril Connolly）重新收录在其著作《金色地平线》（*The Golden Horizon*, pp.397－409）中。乌纳穆诺此后不久便遭软禁监视，数月后溘然长逝。

了人类所能实现的至高无上的理想巅峰。而在很多人身上，崇尚生命和崇尚死亡的心理趋向是同时存在的，只是所占比重各不相同罢了。对于有着鲜活生命的个体来说，真正重要的，不是这两种倾向是独占性地存在还是完全不存在，而是哪一种趋向更强势地对一个人的行为起决定性作用。

就其字面意思而言，necrophilia 指的是“对死者的爱”（biophilia 指的是“对生命的爱”）。这个词被习惯性地用来指一种性欲倒错（一译“性变态”），即个体以性交为目的、意欲拥有（女性）死尸的欲望[①]，或者欲与一具死尸共处的病态欲望。然而常见的情况是，性欲倒错只是个体某种倾向的更加明晰露骨的外在表现，这种倾向在很多人身上都被认为并不牵涉性欲问题。乌纳穆诺用 necrophilous 一词来形容米连・阿斯特赖将军的演说口号，说明他对这一点看得非常清楚。他并不是说将军这个人有性欲倒错的毛病，而是说他仇视生命、热爱死亡。

然而非常奇怪的是，虽然恋尸癖与弗洛伊德的肛门-施虐型性格（anal-sadistic character）和死的本能有关，但它作为一种普遍倾向，竟然从未在精神分析研究文献中得到过充分描述。这几个概念之间的关联，我将留待后文讨论。接下来我要对某个崇尚死亡的特定个体做出具体的描述。

对具有崇尚死亡这种倾向的个体而言，吸引他并令他心驰

---

① 理查德・克拉夫特-埃宾与马格努斯・赫希菲尔德及其他研究者提供了大量深受此欲望困扰的病例。

神往、痴迷不已的，是一切没有生命、已然死去的东西：死尸、腐烂物、排泄物、污垢尘土等。恋尸癖者是那些热衷谈论疾病、葬礼和死亡的人。他们一下子变得生龙活虎的时刻，正是他们可以大谈死亡的时刻。一个非常显著的极端恋尸癖典型就是希特勒。他非常痴迷于破坏与毁灭，死亡的气息令他甘之如饴。在他所向披靡的岁月里，看起来他想要毁灭的只有他视为敌人的人；而他最后发出欲使全世界和第三帝国同归于尽的“诸神黄昏”指令时，这其实表明他最大的满足在于目睹彻底而绝对的毁灭：德国人、他身边的人以及他本人的终极毁灭。在一份有关第一次世界大战的报告中，有一段记录虽然未经证实，却很能说明问题：有个士兵看见希特勒伫立在那里，像在出神，他在凝视着一具腐烂的尸体，久久不愿离开。

崇尚死亡的人沉迷于过去，从不向往未来。他们的情感本质上是多愁善感的；换言之，他们精心呵护曾经拥有过（或者相信自己曾经拥有过）的情感记忆。他们冷淡疏远、冷漠无情，是“法律与秩序”的忠实信徒。他们的价值观与我们系之于正常生活的价值观正好相反：能让他们感到兴奋和满足的，不是生命，而是死亡。

恋尸癖的特征体现在他对强权的态度。强权，借用西蒙娜·韦伊（Simone Weil）的定义，那就是：把一个人转变成一具死尸的能耐。正如性行为能创造生命，强大的力量则能毁掉它。所有的强权归根结底都以杀戮的权力为基底。我可能不会杀某个人，而只是剥夺他的自由；我可能只是想羞辱他或者掠夺他的财产——可不管我做什么，所有这些举动的背后，皆因我有杀他的能耐和想要杀他的意愿。热爱死亡的人必然热爱强权。对他来说，人最伟大的成就不是赐予生命，而是毁掉它。他操纵着强大的力量，这不是他所处的环境强加于他身上的权宜之举，而是一种生活方式。

这就解释了为什么恋尸癖切切实实为强权所倾倒。对热爱生命的人来说，人身上最根本的两极对立是男女之间的对立。而对恋尸癖来说，存在着另一种与此迥然不同的两极对立，那就是手握生杀大权之人和不具备这种权力的人之间的对立。对他来说，这世上只有两种“性别”：手握强权的和无权无势的；杀人者和被杀者。他爱刽子手，鄙视那些任人宰杀的人。这种“对刽子手的爱”，我们常常就其字面意思来理解：这些屠戮他人的刽子手是恋尸癖个体的性吸引对象和性幻想对象，只是在严重程度上不及上文所提到的性欲倒错者和具有嗜食死尸欲望的嗜尸者，而实际上这种嗜食死尸的欲望在恋尸癖个体的梦境中并不少见。我了解过好几位恋尸癖个体的梦境，他们在梦里与自己根本不会被其肉体吸引的老妇人或老男人性交，后者因为手握重权和具有毁灭的力量而成为令前者恐惧艳羡的人。

像希特勒那样的人拥有无与伦比的影响力，恰恰是因为他们手握无限生杀大权，杀起人来肆无忌惮。正因如此，他们才为恋尸癖所爱。至于其他人，很多都是出于惧怕，宁愿选择盲目崇拜，也不愿意清晰地意识到自身的恐惧。还有很多人根本没有看到这些领导人身上具备的恋尸癖特质，反而将他们视为缔造者、救世主和再生父母。倘若这些恋尸癖领袖不把自己伪装成缔造者和保护者，那么被他们吸引的那些人在数量上是不足以支撑其执掌大权的，而那些对其感到厌恶的人则极有可能壮大到让他们很快垮台。

生命的特征，是个体以一种结构性和机能性的方式成长发展；而恋尸癖个体喜欢一切不成长的东西，一切呆板机械的东西。恋尸癖个体受到要将有机生物体变成无机物、机械对待生命这一欲望的驱使，就好像所有活生生的人都是死物。所有与生命有关的过程、情感和思想都被转化成死物。真正重要的不是体验，而是记忆；不是存在，而是占有。恋尸癖个体只有在占有某个对象的时候，如一朵花或一个人，才会与之产生关联。因此，对他的占有物的威胁，就是对他本身的威胁。如果他失去占有物，那么他就失去了自己与世界的联系。这就是为什么我们会发现，他有一种非常矛盾的反应，那就是，即使失去生命意味着他作为占有者也将不复存在，但他还是宁愿失去生命也不愿失去他的占有物。他喜欢一切尽在掌控，在掌控之中屠戮生命。他对生命感到深深的恐惧，因为生命本质上就是混乱无序和难以驾驭的。在一则《圣经》故事中，所罗门王郑重其事地下令将一个婴儿劈成两半，假称自己是其母亲且是对此表示同意的妇人，就是具有这种倾向的典型。她宁愿均分一个死去的孩子，也不愿把这个鲜活的生命拱手让给别人。对恋尸癖个体来说，公平公正意味着分配得宜，而且他们愿意为了他们所谓的公正断送他人或自己的性命。“法律与秩序”是他们的神像，任何威胁法律与秩序的事物，都被视为对他们至高价值的魔鬼般的攻击。

恋尸癖个体为黑暗和夜晚所吸引。在神话故事和诗歌里，他被洞穴或海底吸引，或者被刻画成双目失明的角色。（易卜生戏剧《培尔·金特》中的山妖是非常典型的例子；他们是盲目的[①]，住在山洞里，唯一的价值观是自恋性质的：对着“家酿的”或“自制的”东西孤芳自赏。）一切远离或对立于生命的事物都会吸引他。他想要回到母腹子宫的黑暗中去，回到生命出现之前的无机世界或动物般存在的从前。他本质上向往的是过去，而不是他所厌恨和恐惧的未来。与此相关的，是他对确定性的渴求。然而，生命是永远无法确定、永远无法预知、永远无法掌控的。为了使它变得可控，生命必须被转化为死亡；而死亡，确实是生命中唯一确定无疑的事。

恋尸癖倾向通常在个体的梦境中暴露得最为彻底。这些梦涉及谋杀、流血、死尸、头盖骨、排泄物；有时还涉及人变成机器，或者人的言行举止如同机器。很多人偶尔会做这种梦，但

① 此处的“盲目”具有象征意义，与“视力”之意有很大区别。

这并不意味着他们有恋尸癖倾向。恋尸癖个体是频繁地，而且有时是反复地梦见这些东西。

恋尸癖倾向严重的个体，我们通常可以根据他的外表和举止辨认出来。他待人冷漠，肤色晦如死灰，而且脸上常常挂着一副像是正在闻着某种浊臭之物的表情。（我们在希特勒的脸上可以清晰地看到这种表情。）他凡事一板一眼，过于固执，为人迂腐。恋尸癖个体的这一特征，在纳粹头目阿道夫·艾希曼（Adolf Eichmann）身上得到充分体现，并为全世界所知。艾希曼对官僚秩序和死亡非常痴迷，他的最高价值观就是服从和保证组织的正常运行。他像拉煤一样把犹太人运往死亡集中营；至于这些犹太人也都是大活人这个事实，几乎不在他的考虑范围之内；所以，就连对那些受害者他到底是恨还是不恨这个问题，都是不相干的了。

然而，具有恋尸癖倾向的人绝不仅限于那些宗教裁判所的大审判官、隐匿的暗藏分子和艾希曼之流。这世上有好些人，他们没有杀戮的机会，也不具备这种权力，可他们的恋尸癖习性会以表面上看起来危害性更小的其他方式表现出来。其中有个例子就是，有些母亲对自家孩子生病、失败或者暗淡的未来总是表现出很大的兴趣；但与此同时，对孩子身上发生的积极的转变，她不以为然；对孩子的快乐，她不会给予任何回应；她不会注意到孩子身上慢慢成长的任何新生事物。我们可能会发现，她的梦里常常出现疾病、死亡、死尸和血。虽然她不会以任何显而易见的方式伤害这个孩子，却可能会慢慢扼杀他生命的乐趣和他对成长的信念，最终她将把自己的恋尸癖倾向传给孩子。

很多时候，恋尸癖倾向会和与之相反的各种倾向发生冲突，个体就此达到一种奇特的平衡状态。其中有个突出的例子就是心理学家卡尔·荣格(Carl Gustav Jung)。在他身后出版的自传中，[①]他给出了与之有关的大量证据。他的梦境中几乎充斥着死尸、血和杀戮。至于在现实生活中，他的恋尸癖倾向具有哪些典型的外在表现，如我下文所述：荣格在波林根有一幢塔楼，在动工建造附属建筑时，有人挖出了一具骷髅，这是一百五十年前拿破仑入侵瑞士时遭轰炸掉落河中溺水而亡又被冲上岸的一个法国士兵。荣格给这具骷髅拍了张照片，并把它挂在了他房间的墙上。他为这位士兵举行了正规的安葬仪式，按军礼的形式在他的墓上鸣枪三响。表面看来，他的这一举动似乎只是有点怪异，除此之外并没什么重大意义。然而，与个体刻意做出来的重要举动相比，恰恰就是这许许多多“没什么重大意义”的行为，更能明白无误地体现出个体潜在的倾向。弗洛伊德本人早在很多年前就注意到了荣格的死亡倾向。他和荣格一同乘船前往美国时，荣格大谈特谈德国汉堡附近的泥炭沼泽里发现的保存完好的史前尸体。弗洛伊德不喜欢这种

---

① 有关荣格此书的讨论，详参本人 1963 年 9 月发表在《科学美国人》(*Scientific American*)杂志上的相关文章。

话题，他告诉荣格，后者之所以讲这么多关于死尸的东西，是因为无意识中脑子里充满了希望他（弗洛伊德）早日死掉的想法。荣格当即气急败坏地否认了这种说法。然而多年以后，在他与弗洛伊德分道扬镳之际，他做了下面这个梦：他觉得他（和一个黑人土著）不得不杀死一个叫西格弗德的人。他扛着一把来复枪，西格弗德的身影出现在一座山的山顶时，他射杀了这个人。然后他吓得惊惶失措，生怕这桩罪行被人发现。幸运的是下起了瓢泼大雨，一切蛛丝马迹都被冲刷得干干净净。荣格醒来后，觉得自己一定要搞清楚这个梦是什么意思，否则他将寝食难安。几番细想之后，他给出了这样的"理解"：杀死西格弗德意味着杀死自己内心的英雄，因此也就表现了他的谦卑。荣格最大的本事在于对梦境做出相应的解释。对于这样一位心理学家来说，"西格弗德"与"西格蒙德"之间的微妙差别足以让他故意避而不谈这个梦的真实意味。倘若有人自问，如此强烈地压抑自己，他是如何做到的？答案是，这个梦是他恋尸癖倾向的外在表现，而且因为这种倾向已经被强有力地彻底压制，要想理智而清醒地理解这个梦的真实含义，这对荣格来说是无法承受的。它与发生在荣格身上的下列这些情况相吻合：他沉迷于过去而非现在或未来；石头是他最钟爱之物；他幼年时期幻想上帝掉下一大坨粪便继而砸毁教堂。除此之外，他对希特勒的同情和他的种族理论也体现了他对热爱死亡之人的亲近与喜爱。

然而，荣格同时又是一个极具创造力的人，而创造与恋尸癖正是一种尖锐对立的关系。通过平衡自己身上有悖于他主观意愿和自愈能力的毁灭之力，并且把自己对过往、死亡和毁灭行为的兴趣变成他卓越思维能力的研究对象，他成功地解决了自身的内心冲突。

通过以上关于恋尸癖倾向的描述，我可能让读者产生了这样一种印象，那就是我在此描述的所有特征，都必然会在具有恋尸癖倾向的个体身上找到。这些分散的特征，如杀戮的欲望、对强权的崇拜、深受死亡和污秽之物的吸引、施虐倾向、利用"秩序"把有机生命体转化为无机物的欲望等等，都是同一种基本倾向的组成部分。然而，就单个个体而言，这些分散的倾向彼此之间在强度上存在相当大的差异。此处提到的任何一种倾向，都有可能在某个人身上特别显著，而在另一个人身上却并非如此；此外，相比较个体对生命和自然的热爱程度，他的恋尸癖倾向的严重程度以及个体最终对其本身具有的恋尸癖倾向的清醒认知程度或者使之合理化的程度，因为个体不同，彼此之间也存在相当大的差异。然而即便如此，恋尸癖类型这个概念，也绝不是互不相干的各种行为倾向的简单抽象或总结。它是对生命的一种回应，一种与生命本身完全对立的回应。在人类所能拥有的各种生命倾向中，它是最变态和最危险的一种。它是真正的精神反常：个体虽然活着，但生命非他所爱，死亡才是；成长非他所爱，毁灭才是。恋尸癖个体如果敢于对自己的感受产生清醒的认识，在他高呼“死亡万岁！”时，他其实是在表明自己所信奉的生命箴言。

恋尸癖的对立面是个体的亲生命性。相对于前者对死亡之爱的本质，后者的本质是个体对生命的热爱。与恋尸癖相同的是，亲生命性并非由单一特征构成，它是一种总的倾向，是个体的整体存在方式。它表现在人体的自然变化过程及人的情感、思想和体态动作之中。亲生命性表现在一个人的方方面面，这种倾向最基本的表现形式在于：一切生命体都有求生欲。相比较弗洛伊德所说的“死的本能”，我更认同很多生物学家和哲学家提出的这一主张：想要活下去、保全其存在的欲望，是一切生命体与生俱来的内在特性。正如斯宾诺莎所言：“每一个自在的事物莫不努力保持其存在。”（参见《伦理学》第三部分，命题六）这种竭力保持其存在的努力，他称为其现实本质。（同上，命题七）①

我们在周围一切有生命的事物身上都可以看到这种生存倾向：从岩石罅隙中钻出来汲取阳光雨露以便存活下去的野草，为逃一死而抵抗到底的动物，为活命几乎无所不用其极的人类。

延续生命和对抗死亡的倾向，是亲生命性取向最基本的形式，也是一切生命体具有的常见形式。由于它是一种**延续**生命

① 中译文引自贺麟译《伦理学》，北京：商务印书馆，1983 年版，第 105、106 页。——译者

和**对抗**死亡的倾向,它代表的只是向着生命的驱力的**一个**方面。另一个方面则更具积极意义:生命体具有彼此联结融合的倾向;它趋向于融合与之相异和相反的各种实体,并且以一种结构化的方式不断发展。事物进行统合并以综合协调的方式发展自身,这是所有生命过程所具有的特征,不仅适用于细胞,情感和思维也同样如此。

细胞和有机体之间的融合,是这种倾向最基本的外在表现。从无性繁殖的细胞融合,到人与动物有性繁殖的精卵结合,概莫能外。就后者而言,两性的融合乃是基于发生在雄性和雌性生物之间的相互吸引;而雄雌两极对立,构成了两性生殖细胞融合这种生物需求的核心。有赖于这一融合,人类生命成为可能。看起来似乎正是出于这个原因,大自然为人类的两性结合提供了无与伦比的快感。从生物学角度来讲,这一融合的结果通常是创造一个新的生命。生命的循环是联结、生育和成长的循环——而死亡的循环则是成长终止、分裂瓦解和衰退腐烂的循环。

然而,即便是**在生物学层面**有利于创造生命的性本能,也不见得就是一种**在心理学层面**能体现个体亲生命性的本能。看起来几乎没有哪一种强烈的情感不受性本能的吸引,不被动地与之交融。个体的虚荣心、财富欲、冒险欲,甚至死亡对他的吸引,似乎都能驱使性本能为之效劳。至于为什么会出现这种情况,这是个有待深究的问题。可能有人会想,性本能的可塑性如此之强，任何强烈的欲望都能使它行动起来，即便是那些与生命背道而驰的欲望也不例外，这是大自然要的阴谋诡计。然而，不管原因是什么，性欲与毁灭之力彼此结合这个事实几乎是毋庸置疑的。[弗洛伊德认为，二者的混合出现在施虐狂和受虐狂倾向之中，尤其在他有关死的本能与生本能(life instinct)相结合的论述中强调了这一观点。]施虐狂、受虐狂、嗜尸癖和嗜粪癖属于变态行为，并不是因为其中的个体偏离了人类性行为的常规，而恰恰是因为他们表现出了一种根本性的精神反常，即生命与死亡融为了一体。①

亲生命性的全面呈现，可见于个体的生产取向。② 真正全心全意热爱生命的人，会被各个领域中的生命过程和成长过程所吸引。他会选择建构，而不是维持现状。他擅于探求，而且他会更乐意看到新兴事物，而不是从印证陈规旧俗中寻找安全感。比起确定性，他更喜欢跌宕起伏的人生冒险。他对待生命的方式是机能性的，而不是机械性的。他看见的是整体而非部分，是结构而非总括。他想以爱、理性和以身作则来塑造和影响他人，而不是借助武力、通过把事物切割得四分五裂或者通过要官僚作风就好像活人是死物那样随意处置他们。他享受生命以及生命的所有表现形式，而不是仅仅贪图兴奋。

---

① 避免这种反常有多么重要，这在很多涉及把洁净之物(生命)与不洁之物(死亡)分开的仪式中得到了强调。

② 详参艾里希·弗洛姆《自我的追寻》一书中有关生产取向的讨论[*Man for Himself* (New York: Holt, Rinehart and Winston, 1947)]。

亲生命性的伦理观有其自身的善恶原则。善是一切服务于生命的事物,恶是一切服务于死亡的事物。善是对生命的敬畏,[1]是一切助力于生命、成长和延展的事物。恶是一切扼杀生命、缩减生命、使其支离破碎的事物。喜悦是善的,悲伤是恶的。正是从亲生命伦理观的立场出发,《圣经》定下了希伯来人最主要的罪行:"因为你富有的时候,不欢心乐意地侍奉耶和华你的神。"(《申命记》28:47)具有亲生命性个体的良知,不是那种强迫其远离邪恶、多行善事的良知,也不是弗洛伊德所说的"超我"这个奉美德之名把施虐狂的枪口对准自己的严苛监工。具有亲生命性个体的良知之所以被唤醒,是因为个体此时受到生命和喜悦的吸引;它在道德层面所做的努力,在于它能增进个体本身对生命的热爱之情。正因为如此,亲生命性个体不会久久地沉浸在懊悔和内疚的情绪里;毕竟,懊悔内疚只是自我厌憎和悲伤情绪的组成部分。他会很快扭过头来面对生命,并试着助人行善。斯宾诺莎的《伦理学》就是一个亲生命道德观的突出范例。"快乐,"他说,"直接地并不是恶,而是善;反之,痛苦直接地即是恶。"(《伦理学》第四部分,命题四十一)本着同样的观念,他还说:"自由的人绝少想到死;他的智慧,不是死的默念,而是生的沉思。"(同上,命题六十八)[2]人对生命的爱贯

---

① 这是阿尔贝特·施韦泽(Albert Schweitzer)的主要观点,他是体现生命之爱最伟大的代表性人物之一,其论著如此,其人亦如是。

② 中译文引自贺麟译《伦理学》,北京:商务印书馆,1983年版,第203、222页。——译者

穿着各家各派的人文主义哲学。这些哲学思想有着各种各样的概念形式，但都与斯宾诺莎的思想一脉相承。他们共同表达了这样的原则：精神健全的人热爱生命；悲伤是恶，喜悦是善；人生命中的目标，是受到一切有生命之物的吸引并使自己远离一切死亡而机械的事物。

我试着在上文中以其最纯粹的形式为恋尸癖倾向和亲生命性做一番说明。这些纯粹的表现形式当然是极其少见的。纯粹的恋尸癖个体是精神不健全的；纯粹的亲生命个体近乎圣贤。大多数人都是恋尸癖倾向和亲生命性的某种特定结合，重要的是哪一种倾向占据主导地位。那些恋尸癖倾向在其内心占据主导地位的个体，会慢慢泯灭其亲生命的一面。通常他们对自己的爱死亡取向并没有清醒的认识。他们的心肠会变硬。他们行为处事的方式会让他们的死亡之爱看起来似乎是面对自己经历之事所做出的合逻辑、合理性的正当反应。而与此相对的是，那些亲生命性在其内心占据主导地位的个体，在发现自己与“死荫的幽谷”仅距咫尺之遥时，他们会大为震惊。这种震惊有可能会令其觉醒，重新面对生命。因此，了解一个人内心恋尸癖倾向的强烈程度，这一点非常重要；不仅如此，了解他自己对此有所认识的清醒程度，同样非常重要。倘若他相信自己身居生命之地，而实际上他却置身死亡之域，那么在生命面前，他其实已经深陷迷途，因为他已经毫无回头的可能了。

上述有关恋尸癖和亲生命性的描述引出了另一个问题，即这两个概念与弗洛伊德所说的生本能（亦即 Eros，爱洛斯，一译爱欲或爱本能）和死的本能有什么关系。相似之处显而易见。在弗洛伊德尝试性地提出这两种驱力同时存在于人的内心时，毁灭冲动所具有的强大威力，尤其在第一次世界大战影响下，给他留下了极为深刻的印象。此前他基于“个体向生和向死这两种倾向，都是生命与生俱来的特质”这一假说，认为性本能与自我本能是相互对立的（其两种倾向都服务于个体生存，因而都服务于生命）。这之后，他修正了自己的理论。在《超越快乐原则》（*Beyond the Pleasure Principle*，1920）一书中，弗洛伊德提出这样一种观点：有一种在种系发生学意义上更为古老的原则，他称之为“重复性强迫”（repetition compulsion）。个体强迫性地重复某种行为、事件或情境，目的在于复原从前，以便最终把有机生命带回到以无机物形式存在的原初状态。“不妨假设，”弗洛伊德指出，“在我们无法想象的遥远的过去，生命以一种不可思议的方式诞生于没有生命的物质。如果假设成立，那么根据这一假设，那个时候一定会产生一种本能，其目标是掐灭生命，让一切重回无机状态。倘若基于这种本能，我们接受该假设中自我毁灭冲动这一说法，那么我们就可以把这种冲动视为**死**的本能的外在表现，而死的本能在任何生命过程中都绝不会缺席。”①

---

① 弗洛伊德《精神分析新论》[S. Freud，*New Introductory Lectures on Psycho-analysis*（New York：W. W. Norton Co.，1933）]。

我们实际上注意到的死的本能，要么矛头对外针对他人，要么矛头对内指向个体自身；而且它常常与性本能相互交融，施虐狂与受虐狂便是这种情形。与死的本能对立的，是生本能。死的本能（有些精神分析研究文献称之为 Thanatos，塔纳托斯，一译死欲，但弗洛伊德本人并不用这个词）具有使事物分离和解体的功能；而生本能，则具有使有机体之间以及构成有机体的不同细胞之间彼此结合、整合和联结的功能。如此看来，每一个个体的生命，都是这两种基本本能彼此较量的战场："生本能致力于把有机物质联合起来，形成更大的统一体"；而"死的本能努力的方向，恰恰在于摧毁生本能试图实现的目标"。

弗洛伊德在提出这一新理论时，他本人也是踌躇不定的。这并不奇怪，因为它是建立在重复性强迫这一假设基础之上的，后者充其量还只是个不曾得到验证的猜想。事实上，那些对他这组对立概念表示支持的观点，面对众多与之相悖的临床数据产生的各种异议，似乎没有哪一个能提出合理的解释。大多数生物为了生命的存续，似乎具有一种非同寻常的韧性，只有少数例外倾向于毁灭自己。再者，个体与个体之间具有毁灭倾向的程度差异极大，这些差异也绝不仅限于死的本能所表现出来的对外或对内之别。我们看到有些人对毁灭他人充满激情，但大多数人并没有表现出如此强烈的毁灭性。然而另一方面，程度较轻、矛头对准他人的毁灭性，也并不是相应地匹配着程度更深的自我毁灭倾向、受虐狂倾向、患病倾向等。[1] 鉴于所有这些对弗洛伊德理论提出异议的声音，及至后来出现一大批原本也属于正统精神分析学派的精神分析学家，如奥托·费尼切尔（Otto Fenichel），拒绝接受或者附带着严格限定条件地接受弗洛伊德的死的本能理论，这就不足为奇了。

我认为，弗洛伊德理论的后续发展方向可以是这样的：生本能与毁灭行为之间的冲突、亲生命性与亲死亡倾向之间的冲突，的的确确是存在于人内心的最基本的冲突。但是，关于此处所说的两重性，有一种理解是"个体在生物学意义上与生俱来地具有两种本能，它们相对恒定不变而且总是针锋相对直到死的本能取得最后的胜利"；但我们所说的两重性并不是这个意义上的两重性：它所涉及的，是生命的主要倾向和最根本的倾向——致力于保持其自身存在的倾向与在这一目标未能如愿实现时出现的冲突，这二者之间的两重性。[2] 这种观点认为，"死的本能"是一种恶性现象，它不断发展，并且逐渐壮大到生本能无法企及的程度。死的本能体现的是**精神机能障碍**，而

---

① 详参艾里希·弗洛姆论著《健全的社会》第一章中对自杀与杀人相关数据的讨论。[E. Fromm, *The Sane Society* (New York: Holt, Rinehart and Winston, 1955)]

② 在对弗洛伊德的观点提出反对意见时，有论者认为：倘若死的本能如此强烈，那么人通常会倾向于自杀。弗洛伊德对此提出的解释是："有机体希望以它自己的方式死亡。如此一来，就出现了自相矛盾的情况：生命有机体在面对某些事件（实际上是危险）时，竭尽全力与之相抗以保全自身，但其实这些事件有可能会通过某种很短的回路来帮助它快速实现生命目标。"[《超越快乐原则》，第 51 页]

不是弗洛伊德所说的**正常生物机能**的一部分。如此一来，生本能构成了人的基本潜能，而死的本能则是一种从属性的潜能。[①] 当外在条件于生命相宜，基本潜能就会得到发展；正如当湿度、温度等条件适宜时，种子会生根发芽。如果不具备适宜条件，恋尸癖倾向则会冒头并主导个体。

哪些条件会导致恋尸癖的形成呢？根据弗洛伊德的理论，我们会认为，生命的力量和死的本能（各自）恒常不灭；而就死的本能而言，只有对外和对内的分别。因此，环境因素的作用只在于决定死的本能的指向，而不能左右其强度。换句话说，如果我们认为这一假设成立，那么就该发出如下疑问：通常情况下，是哪些因素促使恋尸癖倾向和亲生命性发展？具体而言，是哪些因素导致特定个体或群体的亲死亡倾向增强或减弱？

对于这个重要问题，我没有一个全面的答案。进一步展开这方面的研究，在我看来是最具重要性的。不过就目前而言，基于我在精神分析方面的临床经验以及对群体行为的观察与分析，我试着在此提一些初步的结论。

儿童之所以能发展出对生命的热爱，其中最重要的原因，在于他与热爱生命的人生活在一起。对生命的爱与对死亡的爱一样会传染。不需要言语，不需要解释，当然更不需要任何

① 详参我在论著《自我的追寻》第五章第一节对毁灭性概念以及基本潜能与从属潜能二者如何区分所做的相关分析。

说教,不需要耳提面命地要他热爱生命。比起言传,它更体现在身姿体态;比起言辞,它更体现在语气腔调。它见诸个体或群体所拥有的整体氛围之中,而非见于清晰表述出来、供个体或整体依循遵照以指导其生活的原则或规章制度。在促进个体亲生命性发展的必要具体条件方面,我将论及以下几点:婴儿时期与他人形成温情有爱的纽带、享有自由且不受恐吓威胁、接受有助于获得内心和谐与力量的教导乃是通过身教而非言传、接受有关"生活的艺术"的启发指引、受到他人振奋有益的影响并能给予回应、拥有一种真正有趣的生活方式。与此截然相反的条件,则会促进个体恋尸癖倾向的发展:在钟爱死亡的人中间长大、缺乏有益刺激、心中怀有恐惧且身处的境况使其生命变得模式化而乏味无趣、生活机械呆板而非根据与他人的直接人际关系做出灵活的调整。

至于有益亲生命性发展的社会环境,显然恰恰就是有益上述个人发展倾向的社会环境。虽然下文即将提到的只是个开头,但就这些社会环境中的各种因素进行更深入的思考,这也是可能的。

此处该提及的、或许最明显的因素,是个体在经济和心理层面的**富足**——它与**稀缺**相对立。一旦人的大部分精力被用来抵御攻击、捍卫生命,或者用来对抗饥饿,那么他对生命的爱必定会受到阻滞,而恋尸癖就此抬头。另一个有利于发展亲生命性的重要社会条件,在于**废除不公正**。此处我所指的,不是人们一直以来对“不公正”已产生的理解——倘若你我之间拥有的东西并非完全一样，那就是不公正。我所指的是一种社会状况，在这种社会状况下，某社会阶层压迫剥削另一社会阶层，将某些条件或限制强加于后者，使其无法过上富足而体面的生活；换句话说，是某一个社会阶层不被允许与其他人共同享有后者所拥有的基本生活体验。在这个意义上而言，我所说的不公正，就是指一种社会状况，人在其中不是为了他本身的生命目的，而沦为了他人用来实现目的的手段。

最后，有益亲生命性发展的一个重要条件是**自由**。脱离政治桎梏的“自由”并不是一种充分的自由状态。人对生命的爱要得到发展，他必须拥有“可以做什么”的自由：可以创造、建设、怀疑和冒险的自由。这样的自由要求个体是积极活跃的、有责任心的个体，而不是奴隶或者机器上某个上满了油、运转良好的齿轮。

总而言之，当个体生活于其中的社会具备以下条件时，其对生命的爱将会得到最充分的发展：**安全**——满足个体过上一种有尊严生活的基本物质条件不受匮乏短缺的威胁；**公正**——没有人会沦为为他人目的而活的个体；以及**自由**——每个人都有可能成为积极活跃和有责任心的社会成员。最后一点尤其重要。倘若个体创造性的自我活动没有任何推进，即便他所生活的社会是安全和公正的，也可能不会帮助其发展出对生命的热爱。单单“人不是奴隶”这一点还不够，倘若社会环境往前推进的是机器人式的存在,其结果将不会是生命之爱,而是死亡之爱。关于这最后一点,下文在谈及核时代的亲死亡倾向,尤其与社会官僚组织这一问题相关的恋尸癖倾向时,还将进一步展开论述。

我已经试图表明,亲生命性和恋尸癖这两个概念与弗洛伊德的生本能和死的本能具有某种关联,但二者并非同一回事。这两个概念还与弗洛伊德早期力比多理论中另一对非常重要的概念相关:"肛门力比多"和"肛门型性格"。1909 年,弗洛伊德在《性格与肛门性欲》(*Charakter und Analerotic*)一文中发表了他最重要的基础性发现之一。[①] 他写道:

> 下面我要描述的这类人,通常同时具有以下三种性格特质,且表现显著:他们极其**整洁有序**、**吝啬**和**固执**。其中的每个词都包含着一小组或一系列互相关联的性格特质。整洁有序包括身体洁净的观念以及履行职责和保持诚信的谨慎责任感。它的反面则是"杂乱"和"疏忽大意"。吝啬节俭可能通过夸张的贪婪形式表现出来;而固执可能转变成公然的违抗,其中又容易掺入愤怒和报复。后两个特质——吝啬和固执——的彼此关联程度,相对于二者与

① 弗洛伊德《性格与肛门性欲》,引自《标准版西格蒙德·弗洛伊德心理学著作全集》第九卷[Sigmund Freud (Standard Edition; London: Hogarth Press, 1959), Vol. IX]。

整洁有序的关联程度要更为紧密。此二者也是整个组合中更恒定存在的元素。不过在我看来毋庸置疑的是，这三者某种程度上仍然是一体的。（第 169 页）

弗洛伊德继而提出："在原本具有肛门性欲的人身上通常明显看到的整洁有序、吝啬和固执这些性格特质，可以视为肛门性欲升华最初的也最常见的结果。"（同上，第 171 页）弗洛伊德以及后来的其他精神分析学家们表示，吝啬的其他形式并不涉及排泄物，而是涉及金钱、污垢尘土、财产以及对无法使用之物的占有。有学者指出，肛门型性格（anal character）常常表现出施虐狂和破坏性特征。精神分析研究基于大量临床证据，已经证明弗洛伊德的发现是正确有效的。然而，在对"肛门型性格"或者我所说的"囤积型性格"（hoarding character）现象做出理论解释时，研究者们存在意见分歧。① 与其力比多理论相一致的是，弗洛伊德认为，为肛门力比多及其升华提供动力的这种能量，它与性感带（erogenous zone）有关（此处指的是肛门），并且因为个体天生体质上的原因，连同其在如厕训练过程中的个人经历，在该性格个体的后来人生阶段，其肛门力比多要比一般人更加强烈。对弗洛伊德的这一观点，我持不同意见，因为我没有掌握足够的证据来证明，作为构成

① 转引自弗洛姆《自我的追寻》，第 65 页（Cf. Fromm, *Man for Himself*, pp.65 ff）。

性力比多的一种驱力，肛门力比多就是肛门型性格发展的动力基础。

从我个人在对肛门型性格进行研究时获得的经验来看，我认为此处我们讨论的是这样一些人：他们对排泄物怀有一种浓厚的兴趣和喜爱，而且这是他们对一切没有生命之物怀有的普遍喜爱之情的一部分。排泄物是个体最终排出体外的东西，它对身体再无用处。肛门型性格个体为排泄物所吸引，正如他受到一切对生命无用之物的吸引，例如污垢尘土、毫无用处的东西、纯粹作为占有物而非生产消费手段的财产。至于是什么因素导致个体会受无生命之物的吸引，我们所知甚少，还有待后续深入研究。我们有理由推断，除了个人体质原因，父母性格，特别是母亲的性格是一个重要因素。如果母亲执意进行严格的如厕训练，并对孩子的排泄过程表现出不恰当的兴趣，那么这位母亲便具有强烈的肛门型性格，即她对无生命之物和死物怀有浓厚的兴趣，而且她会影响孩子，使其发展出同样的倾向。与此同时，她的生命中也缺乏乐趣；她的生活不会令人振奋激动，而是麻木迟钝、形同死寂。她的焦虑往往会导致孩子对生命感到畏惧并被无生命之物吸引。换言之，影响肛门力比多继而使个体形成肛门型性格的，并不是如厕训练本身，而是其母亲的性格。这位母亲怀着对生命的恐惧或憎恨，把兴趣投向排泄过程，并在很多其他方面塑造孩子的精神，把他的精力往一条道上引：热衷于占有和囤积。

从这番描述中，我们很容易发现，弗洛伊德所说的肛门型性格与前文所描述的恋尸癖性格表现出极大的相似性。事实上，就其对无生命之物和死物的兴趣和喜爱看来，二者性质非常相似。唯一的不同之处在于，二者的这种喜爱程度有分别。我认为，**在恋尸癖性格和弗洛伊德“肛门型性格”的性格结构中，前者是恶性形式，后者是良性形式**。这就意味着，在肛门型性格和恋尸癖性格之间，不存在一条泾渭分明的分界线，要判断我们谈论的是前者还是后者，很多时候是一件非常困难的事。

在恋尸癖性格这一概念中，弗洛伊德基于力比多理论的“肛门型性格”，与引出死的本能概念的纯生物学推断，二者之间存在某种关联。同样地，弗洛伊德的“生殖器性格”（genital character）概念及其生本能概念与亲生命性格之间，也存在类似关联。这是打通弗洛伊德早期和后期理论的第一步，我们希望后续研究能加以拓展，使前后更加融会贯通。

现在我们回到造成恋尸癖倾向的**社会**环境，那么问题来了：恋尸癖与现代工业社会之间是什么关系？再者，恋尸癖和个体对生命的无动于衷，这对发动核战争背后的动机，又具有怎样的重要意义？

此处我关心的，不是引发现代战争的**一切**因素；从前的各式战争也好，现代的核战争也罢，这些因素很多都在其中发挥着作用。我只关心**一个**极其重要的心理问题，它与核战争有关。不管从前那些战争是出于什么理由——抵御攻击、攫取经济利益、获得解放、赢取荣耀、捍卫某种生活方式——对于核战争而言，都站不住脚。核战一旦爆发，“最好”的情况，是一个国家的半数人口在短短几个小时之内灰飞烟灭，文化中心悉数被毁，之后留下一个原始野蛮、残酷无情的人间地狱；劫后余生的幸存者们却羡慕已经死去的人，这种时候，什么抵御、利益、解放和荣耀都无从谈起。①

那为什么即便会如此惨烈，各国还坚持不懈地为核战争做准备；而且面对这种情况，也不曾采取更广泛的抗议抵制行动？这世上有儿女子孙的人，站出来抗议的也寥寥无几，这我们又该如何理解？活着有那么多盼头，或者看上去有那么多盼头的人，为什么他们会正儿八经地盘算着毁灭一切？答案有很多②；然而，没有一个答案能给出令人满意的解释，除非我们把下列情形考虑进去：人们**不怕毁灭一切，因为他们不爱生命**；或者因为**他们对生命是无动于衷的**；甚至因为**他们当中很多人是受到死亡吸引的**。

---

① 有些我无法接受的理论试图劝服我们相信这样一些观点：1）六千万美国人突遭灭顶之灾，这对我们的文明不会产生深远的毁灭性影响；2）即便核战争已经启动，各敌对势力彼此之间仍然留有一丝理性，这点理性会促使他们根据一系列规则发动核战争，以避免全世界毁于一旦。

② 其中有个重要答案在于这样一个事实：大多数人深陷于——虽然大多是无意识地——对个人生活的焦虑之中。人们总在奋力沿着社会阶梯往上爬，总是处于失败的恐惧之中，由此形成一种永久性的焦虑和压力状态，使一般人忘记了对其自身及世界的存在造成威胁的事物。

这一假设似乎与我们认为“人热爱生命、惧怕死亡”的所有看法都格格不入，而且也有悖于这样的观念：我们认为我们的文化超出以往任何文化，给人们提供了众多有趣和令人兴奋的事物。既然如此，那么我们就要问：或许所有这一切有趣和令人兴奋的事物，与我们内心的喜悦和对生命的热爱竟是迥然不同的？

为了回答这些问题，我必须提到前文对爱生命取向和爱死亡取向所做的分析。生命是自成体系的结构化成长，而且正是因为这一本质，它不为严格的控制或预测所左右。在生命之域，唯一能影响他人的，只有生命的力量，如：爱、刺激、以身作则的范例。生命的感觉，只有生命的个体性外在表现才能亲身体验到。这种外在表现可以是一个人，也可以是一只鸟或一朵花。不存在“普罗大众”的生命这回事，不存在抽象的生命。我们今天对生命的理解越来越机械呆板。我们的主要目标是生产制造，而就在对物的盲目崇拜过程中，我们把自己转化成商品。人被当作一串数字。此处的问题，不是他们是否得到妥善对待（物同样可以得到妥善对待）、是否营养充足，而是：人到底是物还是有生命的存在。人们喜欢机械装置更甚于有生命的存在。在有关人的问题上，我们的思考方式是理智-抽象的。我们像对物一样对人产生兴趣，对人们的共同特性、群体行为的统计学常规感兴趣，而不是对一个个活着的个体感兴趣。所有这一切与日益盛行的官僚之道一拍即合。在各种巨大的生产中心、巨大的都市、巨大的国家，人就像物一样被管理，人和人的管理者被转化成物,他们都遵循物的法则。然而,人并不是注定要成为物的;倘若如此,他就毁了。在出现这种结局之前,他会绝望到不顾一切,想要杀死一切生命。

在以官僚体制组织和集中起来的工业主义社会,人的品位被操纵,使其最大限度地消费,并且朝着可以预见和有利可图的方向消费。他们的聪明才智和个人性格在各种考验之下变得整齐划一。这些考验扮演着越来越重要的角色,优选出平庸和缺乏冒险精神之辈,摒弃具有创造性和勇敢大胆的人。确实,在欧洲和北美洲大行其道的官僚-工业文明,已经创造出了一种新型人类,我们可以称之为**组织人**(organization man)、**机器人**(automaton man)和**消费人**(homo consumens)。这种人同时也是**机械人**(homo mechanicus),我所说的机械人指的是**器械人**(gadget man),他深深着迷于一切机械的东西,拒斥有生命的存在。人的生物和生理装备使他拥有强烈的性冲动,强烈到即便是机械人,他也是有性欲的,也会找女人,这是确有其事的。然而毫无疑问的是,器械人对女人的兴趣会越来越弱。《纽约客》杂志上有幅漫画非常风趣地挑明了这一点:一名女销售员试图向一位年轻的女性顾客推销某品牌的香水,她是这样说的:“它闻起来就像一辆崭新的跑车。”确实,一个人若是留意到了当今男性具有何种行为,他会认定这幅漫画比一个高明的笑话更加意味深长。比起对女人、爱情、自然和食物,如今对跑车、电视机、收音机、太空旅行以及任何器械小玩意儿更感兴趣的男性，显然大有人在。比起面对生命，这些人在操纵非有机的、机械性的事物时更容易兴奋。如果说**机械人**对那些能在几分钟之内使几千里之外数百万人丧命的各种武器装备更加着迷也更以之为傲，而对于如此大规模杀伤或将发生的可能性却并不怎么感到害怕和沮丧，这并没有太夸大其词。**机械人**依然享受性和酒。但是，这一切快感，他都是本着机械的和无生命的信仰和准则追求而来的。他期望着哪里一定有一个按钮，伸手一按，就会给他带来幸福、爱和快感。（很多人去看精神分析医生，就是抱着希望对方能告诉他们哪里可以找到这个按钮这种不切实际的想法。）他看待女人和看待一辆车没有分别：他知道那些按钮，他享受自己手中令她“奔驰”的权力，而且他依然是那个冷漠地看着一切发生的旁观者。比起参与生命过程、对生命做出反应，机械人对操纵机器的兴趣反倒越来越浓厚。因此，他会变得对生命无动于衷，着迷于机械之物，最终受到死亡和全面毁灭的吸引。

想想杀戮在我们的娱乐休闲活动中扮演的角色吧。电影、连环漫画、报纸令人亢奋不已，因为上面充斥着各种有关毁灭、施虐和残酷暴行的报道。成百上千万的人过着单调乏味却又舒适安逸的生活，没什么能令他们兴奋起来的了，除了目睹杀戮或阅读有关杀戮的报道：不管是谋杀，还是汽车赛中出现意外有人丧生，都在此列。这难道不能说明人们对死亡的痴迷程度已经有多深了吗？又或者想想我们语言中的一些表述，如

“激动得要死”(thrilled to death)、“死都想”(dying to)要做这事或那事、“豁出命去”(it kills me)等等。我们的交通事故发生率这么高,想想这其中表现的人们对生命的漠然。

简而言之,智能化、量化、抽象化、官僚体制化和物化,这些正是现代工业社会的典型特征;把它们加诸人而非物时,就不是生命的原则,而是机械学原则了。活在这种制度下的人变得对生命漠不关心,甚至为死亡所吸引。他们本身并不自知。他们把兴奋激动当作生命的喜悦,并且活在这样的虚妄错觉之中:他们觉得可以占有和利用很多东西的时候,自己的生命是那么鲜活。我们对核战争抗议不足,我们的“原子学家”对全面毁灭或半全面毁灭的荣辱得失算计,都表明我们已经在“死荫的幽谷”中迷失了多远。

所有的现代工业社会,不管它们各自具备怎样的政治结构,恋尸癖倾向的这些特征都存在于其中。在这个方面,国家资本主义制度社会与公司资本主义制度社会之间的共同点,比二者之间的差异来得更重要。这两种制度都是官僚-机械的,都为全面毁灭埋下了隐患祸根。

恋尸癖对生命的轻视与人们对速度以及一切机械之物的崇尚,这二者之间的密切关系直到近几十年才变得显而易见。但是早在1909年,马里内蒂(Filippo Tommaso Marinetti)的《未来主义宣言》(*Initial Manifesto of Futurism*)就言简意赅地表明了这一点:

1. 我们要歌颂追求冒险的热情、劲头十足地横冲直撞的行动。

2. 我们诗歌的本质因素将是英勇、无畏、叛逆。

3. 文学从古至今一直赞美深思熟虑的蛰伏不动、心醉神迷的情感和酣沉的睡梦，可我们要赞美雄赳赳气昂昂的运动、焦虑不安的失眠、飞速奔跑的步伐、至死方休的翻身一跃、扇耳光和挥拳击打。

4. 我们宣布，世界获得了一种新的美——速度之美，其壮丽辉煌由此变得更加丰富多姿。赛车车架上装饰着数根巨大的管子，像恶狠狠地张口喷气的蛇……隆隆吼叫着的车，像驾驭着飞弹风驰电掣，它的美赛过“萨莫色雷斯的胜利女神”大理石塑像。

5. 我们要歌颂掌舵的人，他用力掷出勇气的长矛，沿着它的环形轨道飞越地球。

6. 为使原始元素的激情变得更加狂热，诗人必须竭尽自己全部的热情、豪迈和慷慨。

7. 离开斗争冲突，就不再有美。没有攻击性，便成就不了典范杰作。诗歌必须是向未知力量发起的猛烈攻击，要使其势弱力微、向人俯首称臣。

8. 我们站在数个世纪最后的岬角！……倘若我们想要的，是毁掉“不可能”世界的神秘大门，我们为什么还要驻足回望？时间和空间已于昨日死去。我们已经生活在绝对之中，因为我们已经创造了速度，永不止息、无时不在的速度。

9. 我们要歌颂战争——这世界唯一卫生的事物——军国主义、爱国主义、带来自由之人的毁灭性姿态、值得我们为之献身的美丽理想，以及对女性的蔑视。

10. 我们要摧毁一切博物馆、图书馆和科学院，向道德主义、女权主义以及一切机会主义和功利主义的卑鄙怯懦开战。

11. 我们歌颂因劳动而欢跃、因快感而兴奋、因暴动而激昂的声势浩大的人群；歌颂现代首都城市里五彩斑斓、声繁调复的革命浪潮；歌颂夜晚生龙活虎、激情四射的军工厂和热气腾腾、火花飞溅的船坞；歌颂贪婪地吞噬着冒烟巨蟒的火车站；歌颂被盘旋而上的缕缕青烟吊在云端之上的工厂；歌颂如体型庞大的体操运动员一般横跨在河流上的桥梁，河水在阳光下发出匕首般耀眼的光芒；歌颂不畏艰险、奋勇向前追逐着地平线的蒸汽船；歌颂胸膛厚壮的火车头，它犹如套上长长钢管缰绳的巨大铁马奔驰在铁轨上；歌颂螺旋桨之声犹如旗帜迎风噼啪作响、在人群热情欢呼中流畅滑翔而过的飞机。①

① 约舒亚·泰勒《未来主义》第 124 页（Joshua C. Taylor, *Futurism*, Doubleday Co., 1909, p. 124）。

有意思的是，马里内蒂对技术和工业的恋尸癖解读与沃尔特·惠特曼（Walt Whitman）诗歌里深刻的亲生命解读形成鲜明对比。在《过布鲁克林渡口》（*Crossing Brooklyn Ferry*）一诗结尾，惠特曼写道：

繁荣吧，城市——带上你们的货物，带上你们的炫耀，宽广浩荡的河流，

扩张吧，没有什么比你们更加崇高，

各守其位吧，没有什么比你们更加恒久。

你们等待过，你们总是在等待，你们这些沉默美丽的使者，

我们终于怀着自由的感觉接受了你们，并且从此不会满足。

你们也将不再阻止我们，或者对我们避而远之。

我们物尽其用，不把你们抛在一旁——我们永远把你们种在心上，

我们不揣测你们——我们爱你们——你们也至善至美。

你们为着永恒贡献出你们的一份力量，

伟大或者渺小，你们为着灵魂贡献出你们的一份力量。

再如在《大路之歌》（*Song of the Open Road*）结尾，惠特曼

写道：

伙伴啊，我把我的手给你！
我把我的爱给你，那比金钱还珍贵，
我把我自己给你，请牧师或法律为我作证；
你肯把你自己给我吗？你肯和我携手同行吗？
我们可否一生相守，终身不渝？

惠特曼下面这句诗最是一针见血地表明了他对恋尸癖的摒弃：“传下去吧（哦，活着的人，总是活着的人！），把死尸抛在身后。”

倘若我们把马里内蒂对工业所持的态度与沃尔特·惠特曼进行对比，那就变得显而易见了：这样的工业生产，并不必然与生命的原则相违背。关键问题在于，生命的原则是从属于那些机械化原则，还是占据着主导支配地位。显然，对下面这个问题，我们的工业化世界迄今为止还没能找到答案：我们该当如何，才能创造一个人性化的工业主义，以此对抗今日主宰着我们生命的官僚工业主义呢？

第四章　个体性自恋与群体性自恋

弗洛伊德最富有成效、影响最深远的发现之一，是他提出的自恋概念。弗洛伊德本人也认为这是他最重要的发现之一，并且将它用于理解诸如个体出现的精神错乱（自恋型神经症）、爱、阉割恐惧、嫉妒、施虐狂等显著现象；还用于理解群体现象，如被打压的社会阶层为何会心甘情愿地效忠于那些统治支配他们的人。本章我想继续追随弗洛伊德的思想脉络，探讨自恋扮演的角色，从而帮助我们理解民族主义、民族仇恨、毁灭性及战争背后的心理动机等问题。

我想顺便提及的事实是，自恋这个概念在荣格和阿德勒（Alfred Adler）的论著中几乎没有论及，本该在霍尼（Karen Danielsen Horney）那儿得到更加详尽的论述，实际也并未如此。即便是正统的弗洛伊德理论和疗法，自恋概念的运用在很大程度上也仅限于婴幼儿自恋和精神病患者的自恋。这很可能归咎于这样一个事实：弗洛伊德强行将自恋的概念纳入他的力比多理论框架之中，从而导致这一概念的丰富性没有得到充分挖掘。

弗洛伊德起初是想从力比多理论角度来认识精神分裂症(schizophrenia)。因为精神分裂症患者似乎并没有表现出任何对物的性欲关系(在现实和幻想中皆如此),于是弗洛伊德继而想到这个问题:“原本指向外物的力比多在精神分裂症中被撤回,这其中发生了什么?”[①]他的答案是:“从外在世界撤回的力比多已经转头指向了自我,从而导致个体产生一种或许可以被称为自恋的倾向。”[②]弗洛伊德认为,力比多一开始全部存储于自我之中,就好比存于一个“大型蓄水池”之中,之后再延至外物;但它很容易撤回,重新归入自我。这一观点有所动摇是在1922年,虽然弗洛伊德似乎从未完全放弃他早期的那个观点,但他在这一年写道:“我们必须认识到,本我是力比多最大的蓄水池。”[③]

然而,力比多最初到底是在自我还是本我之中这个理论问题,对自恋概念本身的界定并没有实质性的重要意义。弗洛伊德从未改变他的这一基本看法:人在其婴儿早期最原初的状态是自恋的(即“初级自恋”,primary narcissism),此时他还没有形成与外部世界的任何关系,之后在其正常发展过程中开始

① 弗洛伊德《论自恋》,引自《标准版西格蒙德·弗洛伊德心理学著作全集》第十四卷,第74页[Freud, *On Narcissism* (Standard Edition; London: Hogarth Press, 1959), Vol. XIV, p.74]。

② 同上,第75页。

③ 弗洛伊德《论自恋》,引自《标准版西格蒙德·弗洛伊德心理学著作全集》第十九卷,第63页[Freud, *On Narcissism* (Standard Edition; London: Hogarth Press, 1959), Appendix B, Vol. XIX, p.63]。

逐渐扩大和增强与外部世界(性欲)关系的范围和强度。但在很多情况下(最严重的当数精神失常),他会把对外物的性欲依恋撤回,并转而指向自我(即"次级自恋",secondary narcissism)。但即便是正常发展,在某种程度上来说,人终其一生都是自恋的。①

"正常人"的自恋是怎么发展起来的呢?弗洛伊德描绘了这一发展的大致过程,下一段便是对其发现的简要概括。

子宫中的胎儿仍然处于一种绝对自恋的状态。"出生,"弗洛伊德说,"意味着我们从一种绝对自足的自恋迈出一步,开始感知不断变化的外部世界,并开始我们的外物发现之旅。"②婴儿需要几个月时间才能意识到外物是属于"非我"的部分。儿童的自恋遭受多次打击,他不断增进对外部世界及其规律的了解,因而个体"必然地"将他最原初的自恋发展为"外物之爱"。然而,弗洛伊德又说:"即便个体已经找到了其力比多的外在对象,在某种程度上,他仍然是自恋的。"③确实,个体的发展可以用弗洛伊德的术语来界定,即从绝对的自恋演变出一种客观推

---

① 弗洛伊德《图腾与禁忌》,引自《标准版西格蒙德·弗洛伊德心理学著作全集》第十三卷,第88—89页[Freud, *Totem and Taboo* (Standard Edition), Vol.XIII, pp.88-89]。

② 弗洛伊德《群体心理学》,引自《标准版西格蒙德·弗洛伊德心理学著作全集》第十八卷,第130页[Freud, *Group Psychology* (Standard Edition), Vol. XVIII, p.130]。

③ 弗洛伊德《图腾与禁忌》,引自《标准版西格蒙德·弗洛伊德心理学著作全集》第十三卷,第89页[Freud, *Totem and Taboo* (Standard Edition), Vol.XIII, p.89]。

理能力和爱客体的能力，但是这种能力并不超出明确的界限。一个“正常的”“成熟的”人，他的自恋已经被削减到了社会可接受但并未彻底消失的程度。弗洛伊德的观点在日常经验中得到了证实。我们似乎在大多数人身上都可以找到一种自恋的内核，它无法为他人触及，它也会使所有试图令其彻底消融的努力一一落空。

有关自恋的实际情况及其威力，对弗洛伊德的专业术语并不特别熟悉的人们很可能无法形成一个清晰的认识，除非能找到更多关于自恋现象的具体描述。接下来的几页我将提供这种描述。不过在这之前，我想就术语问题作一番说明。弗洛伊德有关自恋的见解，是以其力比多概念为基础的。如我前文所言，事实证明这一僵化的力比多概念，与其说是促进，不如说它更多地妨碍了自恋概念的进一步拓展。我认为，倘若采用并不完全等同于性驱力能量的精神能量（psychic energy）这一概念，自恋概念得到圆满发展的可能性将会大很多。这一点在荣格那里实现了，这样一来，它甚至在弗洛伊德除性化的力比多（desexualized libido）概念中得到了某种初步认可。然而，即便非性的（nonsexual）精神能量与弗洛伊德的力比多不是同一回事，它仍然和力比多一样是个**能量**概念。它所涉及的，是有一定强度和特定方向的精神力量，只能通过其各种外在表现为人所见。这一能量把个体捆绑、联结和统一于个体内在以及个体与外部世界的关系之中。弗洛伊德早期观点认为，除了生存驱力，性本能（力比多）能量是人类行为唯一的重要动力。即便我们不同意这种说法，并转而采用一般性的精神能量概念，力比多与精神能量二者之间的区别也没有很多固守教条之人倾向于相信的那么大。任何理论或疗法能否被冠以“精神分析”之名，其中的决定性本质因素在于它是否涉及人类行为的动态概念；也就是说，是否假定个体极其强烈的心理力量会刺激其产生某种行为，并且基于我们对这些力量的了解，个体的行为能被我们所理解和预测。这一人类行为的动态概念是弗洛伊德理论体系的核心。如何对这些力量进行理论建构，是参照机械唯物论哲学还是人文唯实论哲学，这是个重要问题；但在人类行为的动态解释这个核心问题面前，它仍然屈居次要之位。

我们从两个极端案例入手，开始对自恋的具体描述：新生婴儿的“初级自恋”和精神失常者的自恋。婴儿尚未与外部世界建立联系（用弗洛伊德的术语可表述为，婴儿的力比多尚未投注于外部世界）。换一种说法就是，对婴儿来说，外部世界是不存在的，这种“不存在”达到了婴儿区分不了“我”与“非我”的程度。我们也可以说，婴儿对外部世界并不投注心力（以便存在于其中）。对婴儿来说，唯一真实存在的现实是其自身：他的身体、他对冷与暖的生理感受、口渴、困倦和肢体接触。

精神失常者的情况与婴儿并没有本质区别。只不过对婴儿来说，外部世界的真实性还**有待浮现**；而对精神失常者来说，外部世界的真实性**已经终止**。以幻觉为例,个体的各种感觉器官已经不再具备感受外部事件的功能,而只会关注个体对外部客观世界作出感官反应时的主观体验。偏执妄想症(paranoid delusion)也是同样的机制在起作用。例如恐惧或猜忌原本属于主观情感,在偏执型个体那里却变成了客观存在,真实到使他相信有人密谋针对自己。这正是偏执狂与神经症患者的不同之处:后者可能常常害怕自己遭人憎恨、残害等,但仍然明白那不过是他心里的恐惧;但对偏执型个体来说,这种恐惧已经变成了客观事实。

在一些已经到达权力巅峰的人身上,我们可以看到介乎神志正常和精神失常之间的自恋特例。古埃及法老、罗马皇帝、波吉亚家族①、希特勒、特鲁希略②——他们彼此之间具备某些共同特征。他们手握绝对权力,所下的命令是对世间万物的终极判决,包括他人的生死。他们神通广大,似乎没有什么是他们办不到的。他们是"神",只受限于疾病、年龄和死亡。他们不顾一切妄想超越人类的极限,试图以这种方式找到解决人类生存问题的终极方案。他们试图妄称自己的欲望和权力无边

---

① 波吉亚家族(the Borgias):十五和十六世纪影响整个欧洲的西班牙裔意大利贵族家庭,前后出了三位教皇。其家族名称来源于其家族封地博尔哈(Borja)。波吉亚家族历代担任西班牙瓦伦西亚大主教区的教职,家族可上溯至阿拉贡王室,拥有庞大的政治势力和财富。——译者

② 拉斐尔·莱昂尼达斯·特鲁希略·莫利纳(Rafael Leónidas Trujillo Molina, 1891年10月24日—1961年5月30日),多米尼加政治家、总统、大元帅和独裁者。——译者

无界，因此他们睡过的女人不计其数，杀害的男人数不胜数，到处建造城堡，想要“天上的月亮”，想要“不可能的事物”。[①] 即便这是一种试图通过假装自己为非人类来解决人类存在问题的尝试，它仍是精神失常的癫狂。这种癫狂在受其困扰的人身上，往往会在他有生之年愈演愈烈。他越想要变成神，就越使自己孤立于整个人类；这种孤立令他更加害怕，每个人都变成了他的敌人；为了对抗内心由此而生的惊骇，他不得不设法攫取更大的权力，变得更加冷酷无情、更加自恋。依着的各种自恋幻想，一个帝王仗着手中的权力左右现实的发展方向；若不是因为这个事实，这种帝王式的癫狂将是无足轻重的，不过是明摆着的精神失常罢了。他强迫大家一致认为他就是神，是世上最强大和最有智慧的人——如此一来，他自己那份狂妄自大似乎就变得合情合理了。另一方面，很多人会憎恨他，想要推翻他并杀害他——所以，他的病态猜忌同时也有现实内核的支撑。结果就是，他并不觉得自己是与现实脱节的——因此他的头脑还能保持一点点清醒，即便这种状态并不稳定。

精神病(psychosis)是一种绝对的自恋状态，这种状态下的个体已经断绝了与外部现实的一切关联，并使自身沦为现实的替代品。他内心装满了他自己，他已经变成了他自己的“神和全世界”。正是因为这一洞见，弗洛伊德率先开辟了从动力学

---

① 加缪在《卡利古拉》中对这种权力的癫狂刻画得最为精妙。

角度来理解精神病本质的道路。

然而，为了方便不熟悉精神病的读者，我们有必要对神经症患者或“正常”人身上可以看到的自恋现象做一番描述。最基本的自恋的例子之一，见于普通人对待自己身体的态度。大多数人喜欢他们自己的身体、脸和体态，若是被问及是否愿意和另一位样貌更俊美的人互换身体，他们会明确予以拒绝。更能说明问题的是这样一个事实：大多数人一点儿也不介意看到或者闻到他们自己的排泄物（实际上，有些人还挺喜欢），但他们肯定反感别人的排泄物。不言而喻的是，这里没有涉及任何审美或其他判断。同一个事物，当它关联着的是个体自己的身体时，它是令人愉快的；而当它关联着他人的身体时，它却令人不快。

我们再来看看另一个不那么常见的自恋例子。有位男士致电医生办公室，想预约看病。医生答复他说，本周已经不能再预约了，并建议他在下一周的某个日子前往。病人却固执己见，不肯延后。我们可能会等着他解释为什么如此迫不及待，可他只提到自己的住处离医生办公室仅五分钟的步行距离这一实际情况。医生为此解释说，他时间上排不过来，这一点并不会因为对方可以在极短时间内赶到他办公室而发生任何改变。但病人并没有对此表示理解，他坚持认为自己已经给出了相当充分的理由，医生应该给他安排早点的预约。倘若这位医生是一名精神病医师，这个时候他应该能得出一个重要的诊断结果，即他面前的这位患者是个极度自恋的人，换言之，是个重症患者。原因其实不难发现：患者没办法把他自己与医生的处境区别开来。存在于他视野中的，只有他自己要看医生这个愿望以及**他自己**只要花一点点时间就能看到医生这个事实。医生作为一个独立个体，有他自己的日程安排和需要，但对这位患者来说，这些都不存在。他的逻辑是，要是他自己来得很容易，那么医生给他看病也一样很容易。倘若在医生给出解释之后，患者能这么回答："噢，医生，这个自然，我明白；很抱歉，我提那种要求真是太过分了。"那么，诊断结果又会稍有不同。在这种情况下，我们面对的还是一个自恋的人，他一开始也不能区分他自身与医生的处境有什么分别，但是他的自恋没有第一位患者那么强烈和僵化。当注意力被导向实际情况时，他看得清现实，并能顺势做出反应。第二位患者一旦意识到自己的冒失，他很可能会觉得不好意思，而第一位患者丝毫不会如此——他只会对医生横加指责，怪他太愚蠢，这么简单的事都想不明白。

类似的现象还很容易见于一个处于单恋状态的自恋者。这个自恋的男人倾向于不相信他所爱的女人不爱他。他会这样推断："我这么爱她，她不可能不爱我。"或者："她要是不爱我，我是不会如此深爱她的。"接着他会通过主观臆测，对那个女人的不理不睬做出合理化解释："她对我的爱是无意识的；她害怕她自己的爱太过炽热；她想要考验我、折磨我。"诸如此类。和上例一样，这里的本质问题是，这个自恋的人无法在他自己的现实情况与别人之间做出区分。

我们再来看看明显有着天壤之别但同样都是自恋的两种现象。一个女人每天对着镜子花上好几个钟头梳妆打扮,这并不仅仅意味着她是个爱慕虚荣的人。她深深着迷于自己的身体和美貌,她的身体是她所知道的最重要的现实。或许她最接近古希腊传说中的那喀索斯(Narcissus),这个拒绝了森林女神厄科(Echo)的爱情、令她心碎而死的美少年。复仇女神涅墨西斯(Nemesis)为了惩罚他,令他爱上自己倒映在湖水中的影子,最后在顾影自怜中跌落湖里溺水而亡。这则希腊传说清晰地表明:这种“自爱”是一个魔咒,在它最极端的形式中会以自我毁灭告终。① 另一个女人(很有可能是数年之后的同一个人)深受疑病症(hypochondriasis)之苦。她同时还常常整日记挂着自己的身体,这种记挂不是整天想着变美,而是担心生病。至于个体为何选择积极或消极的想象,当然有其理由,但这不是我们这里要讨论的议题。重要的是,上述两种现象背后都是个体自恋地自我关注,留给外部世界的兴趣所剩无几。

道德疑病症(moral hypochondriasis)在本质上并无不同。患有此症的人担心害怕的,不是生病或死亡,而是内疚。这样的人总是对他做错的事、犯下的罪等心怀歉疚。对待外人——

① 详参埃里希·弗洛姆《自我的追寻》一书中有关自爱的讨论。我在书中试图阐明:对自己真正的爱与对他人的爱并没有什么不同,在自私自利的、自恋的爱的意义上,这种“自爱”可见于那些既无法爱他人也无法爱自己的人。

对他自己也是——他可能表现得特别谨慎尽责、道德高尚，甚至对他人关怀备至。实际上，这样的人只关心他自己，关心他的良知，关心他人会怎么评价自己，等等。身体上和道德上的疑病症背后的自恋，与虚荣之人的自恋是一样的，只是就其本身而言，在没有受过专门训练的人眼里，前者表现得没有那么明显。这种类型的自恋被卡尔·亚伯拉罕（Karl Abraham）划分为**消极性自恋（negative narcissism）**，尤其见诸处于忧郁症状态的个体，其特点是个体感到匮乏、不真实和自责。

在日常生活中，我们也可以看到形式没那么极端的自恋倾向。有一个很出名的笑话非常贴切地表达了这种情形。有一位作家见到朋友后，喋喋不休地谈论他自己，许久之后才说："我说了这么久有关我的事，接下来让我们聊聊你吧。你觉得我的新书怎么样？"这个人就是典型的一心只想着自己、对别人（附和效仿他的人除外）不甚在意的人。这种人不在少数。即便他们常常表现得乐于助人、体贴入微，那也是因为他们自己乐于扮演这一角色。他们的能量已经全部耗于自我欣赏，而不是费心从他们帮助之人的角度来考虑问题。

我们如何识别自恋的人呢？有一种类型很容易辨认。这种类型的人表现出自我满足的所有迹象。我们会发现，他会把一些微不足道的事情说得郑重其事，好像极其重要。他常常不听别人在说什么，也并不真正感兴趣。（倘若他是个聪明人，他会提几个问题并特别留意让自己看上去很感兴趣，以此来混淆视听。)我们也可以透过他对任何批评都很敏感这一点来识别这一类人。这种敏感可以通过他对任何批评的有效性都予以否认或者做出愤怒或消沉沮丧的反应等方式表现出来。在很多情况下,自恋倾向可能隐藏在谦逊和谦卑态度的背后。实际上,个体的自恋倾向把自己的谦逊当作对象进行自我欣赏,这种现象并不少见。无论自恋的外在表现是什么,对外部世界缺乏真实的兴趣是所有自恋形式共有的特点。①

我们有时候也可以通过自恋之人的面部表情将其辨识出来。我们常常看到他的脸上焕发出一种光采或微笑,这种表情在有些人看来是自鸣得意,在另一些人看来是快乐安详、信任他人和天真淳朴的神色。自恋,尤其是极度的自恋,其外在表现常常体现于个体双眼之中散发出的一种奇特的光芒:有些人认为那是近乎圣洁之光,另一些人则认为那是半疯之兆。很多非常自恋的人说起话来侈侈不休,而且通常是在用餐之际,他们会忘了吃饭这回事,结果弄得其他人都陪着干等。与他们的"自我"比起来,同伴或食物都没有那么重要。

---

① 要区分虚荣自恋的人和自我评价低的人,有时候并不是件容易的事。后者常常需要赞扬和欣赏,这并不是因为他对任何其他人都不感兴趣,而是因为他自我怀疑和自我评价低。另外还有一项重要区分,操作起来同样并非总是轻而易举,那就是自恋和自我主义(egotism)。极度自恋意味着个体无法完全彻底地实现对现实的体验;极度自我主义意味着个体对他人几乎没有任何关切、爱或同情之心,但并不必然表示个体会夸大他的主观认知过程。换言之,极端以自我为中心的人并不必然是极端自恋的人;自私自利的人并不必然对客观现实视而不见。

自恋之人甚至也不一定把他自己的整个人当作自恋对象。他往往将自恋投注于自己个性魅力的某个组成部分，例如**他的**品德名誉、**他的**聪明才智、**他的**身强力壮、**他的**风趣机智、**他的**漂亮外表（有时甚至具体到头发或鼻子）。有时候，他的自恋涉及一些我们通常不会引以为豪的个人品质，比如他因为害怕而能预知危险的能力。他“渐渐认同他自身的某个组成部分”。倘若我们问“他”是谁，正确的回答会是“他”是他的大脑、他的名声、他的财富、他的阴茎、他的良知等等。各种各样的宗教中的一切神像，代表的都是人身上许许多多的组成部分。在自恋的人那里，这些构成他自我的组成部分，任何一个都是他的自恋对象。一个以其财产来体现自我的人，在尊严有可能受损时，他很容易接受；但若是威胁到他的财产，那就像威胁到他的生命。而一个以其才智体现自我的人，若是说了些蠢话，他会为此感到痛苦不堪，乃至有可能引发严重的抑郁情绪。然而，自恋越严重，自恋者越不愿意接受自己失败的事实，或者越不愿意接受他人任何合情合理的批评。对他人的这种无礼行为，他只会觉得怒不可遏；或者认为这个人太冷漠无情又愚蠢无知，没办法做出正确的判断。（在这方面，我想起一位才华横溢但高度自恋的人，在他做完罗夏墨迹测试之后，发现分析结果与他对自己描绘的理想画面有出入，为此他说：“我真为设计这个测试的心理学家感到惋惜，他肯定非常偏执。”）

我们现在必须谈到另一个因素，它使自恋现象变得更加复杂。自恋的人把“自我形象”变成他的自恋对象，对一切与他有关的事物，他同样如此。他的想法、他的知识、他的房子，还有在他“兴趣范围之内”的人，都会变成他的自恋对象。正如弗洛伊德所言，最常见的例子很可能就是对自己所生的孩子的自恋式依恋。很多父母相信，与其他孩子相比，自家的孩子是最漂亮、最聪明的。情况似乎是，孩子越小，这种自恋偏见就越强烈。父母之爱，尤其母亲对婴儿的爱，在很大程度上是把婴儿当成自己的延伸来爱的。成年男女之间的爱往往也具有自恋性质。爱上一个女人的男人，一旦她成了“他的”，他可能会把他的自恋转移到她身上。因为他带给她那些特性，他便对她心生欣赏和崇拜。仅仅因为她是他的一部分，她便成了一位具有卓越品性的女人。这样的人通常还会觉得，他拥有的一切都是精妙绝伦的，他也会“爱上”它们。

自恋这种激情，在很多个体身上，其强度之大唯有性欲和生存欲望能与之媲美。事实上，它多次被证明比后二者都要强烈。即便是强度不会到达如此地步的普通人，也还是有一个看上去几乎坚不可摧的自恋内核。鉴于此，我们可能会怀疑，自恋这种激情可能和性欲及生存欲望一样，也具有重要的**生物学功能**。这个问题一旦提出，答案立现。若不是他身体上的各种需求、他的各种兴趣和欲望充满了能量，他该何以存活？从生物学角度讲，从个体生存的立场看，人必须赋予自己比任何其他人都要大得多的重要性。倘若他不这么做，他将从哪里获取能量和兴趣来抵御他人、保护自己、为生计辛苦劳作、为生存努力拼搏、在与他人利益发生冲突时仍然坚持己见呢？没有自恋，他可能是位圣人，可圣人的存活率又有多高呢？不自恋，这一从道德或宗教立场来看最可取的品质，站在世俗的生存立场，却可能是最危险的。从目的论角度讲，我们可以说，大自然已经赋予人类很大程度的自恋，使其能够采取为保证生存所需的行动。此话不假，尤其因为大自然并没有赋予人类像动物那般发展得非常完善的本能。动物不需要考虑或决定自己是否要努力，它的内置本能便是以这种方式为其生存效劳的。在这个意义上，动物没有生存“难题”。但在人类身上，这种本能装置已经失去了大部分效力——因此自恋承担着一项非常必要的生物学功能。

然而，一旦认识到自恋具有非常重要的生物学功能，我们又面临另一个问题。极度的自恋难道不会使我们对他人漠不关心，不会使我们在必须把自己的需求放在第二位以便实现与他人合作之时却无法做到？自恋，难道不会使人不爱社交？实际上，当自恋到达极端的程度，它难道不会使人精神失常？毋庸置疑的是，极度的个体自恋对一切社交生活都将是严重的制约因素。然而，倘若果真如此，自恋一定会被说成与生存原则**相悖**，因为只有个体融为集体的一分子，他才能生存。在大自然的各种灾害面前，几乎没有人能单枪匹马地保全自己。很多只能通过团队协作才能完成的事情，他也无法做到。

如此一来，我们得到了一个自相矛盾的结论：自恋对人的生存是必需的，但同时也对生存产生威胁。为了解决这个矛盾，我们一分为二地来看。其一，于生存有利的，是**最佳限度**的自恋，而不是**最大限度**的自恋。这就意味着，个体在生物学意义上所必需的自恋，是被弱化到了与社会合作兼容共存的自恋程度。其二在于如下事实：个体的自恋被转化为群体性自恋，宗族、民族、宗教、种族等等，成为自恋激情的对象，而不再是个人。因此，自恋的能量得以保持，但被用在服务群体生存利益，而不是个体生存。在探讨群体性自恋问题及其社会学功能之前，我想先对自恋做一番病理性分析。

自恋最危险的后果，是个体理性判断的扭曲。个体自恋的对象被认为是有价值的(美好的、美丽的、聪慧的等等)，这并不是基于客观的价值判断，而是因为它是我或者它属于我。自恋性质的价值判断是带有偏见的。这种偏见通常被合理化为这样或那样的形式，而且这种合理化行为或多或少都具有欺骗性，程度因个体的智力水平和世故水平而异。在酒鬼的自恋中，这种扭曲通常很明显。我们所看到的，是一个谈吐肤浅又乏味的男人，但他那副神态和口吻，却像是自己所说的话是最精彩有趣的妙语。他在主观上有一种欣快的"处于世界巅峰"的感觉；而在客观现实中，他正处于自我膨胀状态。所有这些分析并非意在表明高度自恋的个体所说的话都必然乏味无趣。倘若他是个天赋高或智商高的人，他会冒出一些有趣的想法；

倘若他对这些想法评价很高，他的判断也不会完全错误。但自恋之人无论如何都会倾向于高度评价他自己成就的东西，而且在形成这种评价的过程中，这些东西真实的品质并不起决定性作用。（在“消极性自恋”的例子中，情形正好相反。这种类型的个体倾向于过低地评价他自己拥有的一切，他的判断同样是带有偏见的。）倘若他能意识到其自恋性质的判断所具有的扭曲本质，后果将不会这么严重。他会愿意——他也能够以一种幽默的态度来面对他的自恋偏见。但这种情况很少见。个体通常相信自己不存在什么偏见，相信他的判断是客观且实事求是的。这会导致他的思考能力和判断能力发生严重扭曲，因为这种能力在他自处以及应对他所拥有的事物时，一而再再而三地遭到钝化。相应地，自恋的人所做的判断，在涉及不是“他”或不属于他的事物时，同样也是带有偏见的。与他无关（“非我”）的世界，是低劣的、危险的、道德败坏的。如此一来，自恋的人最终怀着巨大的扭曲。他和他拥有的，都被高估了，外部的一切都被低估了；这对理性和客观性造成的损害是显而易见的。

危险系数更高的一个自恋病态性因素，是个体在其自恋激情投注的对象遭到批评时所做出的情感反应。通常情况下，对我们所做的事或所说的话，对方提出公平合理、不带敌意的批评意见时，我们往往不会感到愤怒。但是自恋的人若是挨了批评，他会产生极其愤怒的反应。他倾向于认为，这番批评是带有敌意的攻击；正是由于他的自恋本质，他无法想象批评的正当合理性。倘若我们意识到自恋的人是一个脱离了与外部世界的联系因而孤立无援继而是心怀恐惧的人，那么我们就能完全理解他为何会如此愤怒。这种孤立无援和恐惧惊惶的感觉，正是他自恋性质的自我膨胀所要抵消的。倘若他就是全世界，那么就不会有什么外部世界能吓到他；倘若他就是一切，那么他就不孤单。其结果就是，当他的自恋受到伤害，他会觉得自己的全部存在都受到威胁。当对抗恐惧的保护伞——他的自我膨胀——受到威胁，恐惧就会浮出水面，并引发极端愤怒。这种极端的愤怒会越来越强烈，因为没有任何适当行动能削弱这种威胁。唯有摧毁他人的批评或者毁灭自我，才能拯救他脱离这种有碍其自恋性安全状态的威胁。

个体自恋受损，除了可能引起爆发性的狂怒，还可能导致个体**抑郁**。自恋的人通过自我膨胀获得他的身份认同感。外部世界对他来说不是问题，它的威力并不能令他臣服，因为他已经成功地成为了全世界，成功地自我感觉无所不知、无所不能。倘若他的自恋受到伤害；而且出于若干原因，他承受不起暴怒的代价，例如在面对他人批评时，他具有主观上的软弱或者客观上的弱势，那么他就会抑郁。他脱离了与世界的联系，并且对世界毫无兴趣；他是个无关紧要的人，是个无名小卒，因为他尚未把自我发展成他与世界之间的联系的中心。倘若他自恋受损特别严重，严重到无以为继，那么他的自我会崩塌，而自我崩塌在个体主观上的习惯性表现就是抑郁。抑郁症中的哀逝对象，在我看来，就指的是那个已经逝去的极好之“我”的自恋形象，这也是抑郁之人哀伤悼念的对象。

正是因为自恋之人生怕自己由于自恋受到伤害而导致抑郁，所以他才不顾一切想要避免这种伤害。有很多办法达到这个目的。其一就是变得更加自恋，如此一来，任何外界的批评或失败都无从真正触及他的自恋内心。换言之，个体将自恋程度加深，以此挡避威胁。这毫无疑问意味着个体试图治愈自己具有威胁性的抑郁，而他采取的办法则是加剧精神病态程度，乃至变得精神错乱。

然而，在应对个体自恋所受的威胁时，还有另一个解决办法，虽然对其他人来说更危险，但对个体来说却更容易令其满意。这种解决办法在于个体想要改变现实的企图，改变的方向却是使现实在某种程度上符合他自恋性质的自我形象。其中有个例子就是相信自己发明了一台永动机的自恋发明家，实际上他只是在这个过程中拥有了某个具有一定重要意义的小发现而已。还有一个更重要的解决办法，那就是个体使他人与自己看法一致；倘若可能，他想使几百万人与自己达成共识。前者是感应性精神病[①]（某些婚姻关系或朋友关系即依赖于此）；

---

① 感应性精神病（Folie à deux），在 ICD-10 中也称“诱发妄想性障碍”（induced delusional disorder），在 DSM-IV 中也称“共发性精神障碍”（shared psychotic disorder），为一种精神障碍，指两人或以上的人有亲密的情感相联。在这些人群中只有一个真正患有精神疾病，其妄想症通常由其他人诱发，其症状通常会随着与特定人（群）的分离而消失。——译者

后者是某些公众人物通过获得成百上千万人的称赞和共识来避免自己的潜在精神病在公开场合突然发作，其中最为人熟知的就是希特勒。倘若他没能成功地使几百万人相信他自己塑造的自我形象、对他所说的“第三帝国”千年昌盛的浮华幻想信以为真，甚至没能成功地扭转现实使他的追随者们相信他的所作所为是正确之举，那么他就是一个极度自恋的人，很可能会深受明显的精神病折磨。（他倒台以后不得不自杀，否则自恋形象的崩塌将会令他真正难以承受。）

历史上还有其他极其狂妄自大的领袖人物，他们扭转现实使之符合自己的自恋，从而成功“治愈”了它。这种人必定同时还会摧毁一切批评，因为他们无法忍受精神健全之声对他们构成的威胁。从卡利古拉和古罗马暴君尼禄到希特勒，我们看到，他们需要找到信徒、需要扭转现实使之与其自恋相符、需要摧毁一切批评，这种需要是如此尖锐、如此强烈，恰恰因为它是个体为避免精神病突然发作所做的一种努力和尝试。然而荒谬的是，精神失常这一点，在这种领袖身上同时也成就了他们出人头地。它赋予他们那种杜绝疑虑的坚定和自由，这令普通人钦佩不已。毋庸赘言的是，这种改变世界、赢取他人信任、使他人认同自己所持主张和妄想的需要，同时会要求个体具备某些才能和天赋，而这是普通人——精神病患者也好，非精神病患者也罢——所欠缺的。我们在进行自恋的病理性分析时，要对自恋的两种形式做出区分，这一点很重要——一种是**良性**

的，另一种是**恶性的**。在良性形式中，个体自恋的对象是他努力的结果。例如，个体可能会对他所从事的木匠、科学家或农民之职产生一种自恋式的骄傲。由于其自恋对象是他不得不为之工作的事物，他对自己所做的工作以及自己所获的成就怀有的专属兴趣，常常因为他对工作过程本身以及工作中用到的材料怀有兴趣而达到某种平衡。因此，这种良性自恋的动力是个体进行的自我检验。推动他工作的能量，在很大程度上属于一种自恋的性质，但是工作本身会使个体必然与现实发生关联；单凭这一事实，就能不断地抑制住他内心的自恋，并将它控制在限定范围之内。这一机制或许可以解释，为什么我们会发现有这么多自恋但同时却极富创造力的人。

而在恶性的自恋形式中，个体自恋的对象不是任何他所从事或所造就的事物，而是他所**拥有**的事物，如他的身体、外表、健康、财富等等。这种自恋类型的恶性本质在于如下事实：它缺乏我们在良性自恋形式中看到的那种矫正性要素。如果我"很了不起"，那是因为我**拥有**某种品质，而非因为我**通过自身努力取得**某种成就，我不需要与任何人或任何事发生关联，我也不需要付出任何努力。在致力于维系我"了不起"这副面貌时，我把自己从现实中移除，而且愈行愈远，我不得不加深我的自恋程度，以此更好地保护自己免遭如下危险：因为自恋而膨胀起来的自我，可能会被人发现是我自己凭空想象的结果。由此看来，恶性自恋不是自我限制，因而它大体上是唯我的，也是惧外的。一个学会通过自身努力获得成就的人会忍不住承认，其他人也已经通过同样的方式取得了类似的成就——即便他的自恋可能会令他相信自己的成就超越了别人。而一个一事无成的人会发现，对其他人取得成就表示欣赏是很困难的事，因此他会被迫孤立自己，在自恋的壮丽想象中越陷越深。

至此，我们已经描述了个体自恋的动态发展过程：自恋现象、其生物学功能以及自恋的病理性分析。此番描述应该可以帮助我们理解**社会自恋**现象及其扮演的暴力与战争之源这一角色。

下文将要讨论的中心议题，是个体自恋向群体性自恋的转化现象。我们不妨先来看看群体性自恋的社会学功能，它与个体自恋的生物学功能相对应。对任何想要生存的有组织的群体来说，从它的立场看，成员为其所在群体注入自恋性的能量，这一点很重要。一个群体能否生存，在某种程度上取决于其成员是否将群体的重要性放在等同于甚至超过他们自己生命重要性的位置；并且是否相信与其他群体相比，他所在的群体富有正气甚至更加优越。倘若不存在这种对群体的自恋性情感投注，那么成员为群体效劳乃至为群体做出巨大牺牲所必需的能量将会大大削弱。

在群体性自恋的动态发展过程中，我们会看到与前文讨论过的个体自恋相类似的现象。此处我们同样可以区分自恋的良性形式和恶性形式。倘若群体性自恋的对象是一项成就，那么与我们上文所说的相同辩证过程还会再次发生。群体想要通过努力取得某种创造性成就的这一需要本身，会令其必然跳出群体唯我论的封闭圈，并将兴趣对准其想要获取的目标对象。（但如果某个群体想要获得的是征服的快感，那么真正创造性的努力所带来的益处在相当大程度上必定会被忽略不计。）另一方面，倘若群体性自恋用来当作对象的，是群体本身、群体的壮丽想象、群体昔日成就的辉煌或者群体成员们剽悍的体格，那么我们在上文提到的自恋受到抑制的趋势也发展不起来，而自恋倾向以及随之而来的危险的强度将会稳步加大。在现实中，此二者必定也是常常交混在一起的。

群体性自恋还具有另一个我们迄今尚未论及的社会学功能。一个无法使其大多数成员或相当大比例成员的需求得到满足的社会，若想避免这些人心生不满，它就必须为他们提供一种恶性自恋个体所具有的自恋性质的满足。对那些在经济上贫穷和文化上匮乏的人来说，因为隶属于某个群体而产生的自恋式骄傲是唯一的——而且往往也是非常行之有效的个体满足来源。正是由于生活对他们来说并不“有趣”，也没有给予其培养兴趣的各种可能性，他们才有可能发展出自恋的一种极端形式。此类现象在近几年出现的典型例子，就是希特勒纳粹德国中存在的种族自恋，也见于今日美国南部的种族歧视。在这两个例子中，为种族优越感大唱赞歌的中坚力量，曾经是、现在也依然是中产阶级的下层民众。这个落后的阶层，在德国和美国南部都是经济上贫困和文化上匮乏的阶层，没有任何切实可行地可以改变现状的希望（因为他们是一种过时且日暮途穷的社会形式的残余），这个群体剩下的唯一满足就是：已经膨胀的、世上最令人艳羡群体的自我形象，以及比被人为判定为“低劣”的另一种族群体更加优越的膨胀心理。这一落后阶层的成员会觉得：“虽然我又穷又没有文化，但我是个重要人物，因为我属于这世上最令人艳羡的群体——白人”，或者“我是雅利安人”。

与个体自恋相比，群体性自恋没那么容易识别。假设有个人对别人说：“我（和我的家人）是世界上最令人敬佩的人；只有我们是干净的、聪明的、善良的、体面的；其他人都是肮脏的、愚蠢的、奸诈的、不负责任的。”大多数人都会认为他这个人粗鲁、精神有些失常，甚至是个精神病患者。然而，倘若有个狂热的演讲者在一大群观众面前把上述语句中的“我”和“我的家人”换成民族/国家（或者种族、宗教、政治党派等等），那么他会因为他对国家的爱、对上帝的爱等而得到很多人的称赞和敬慕。但其他国家和宗教会仇视这种言论，原因显而易见：他们遭到蔑视诋侮。然而，在那个受追捧的**群体内部**，每一位成员的个人自恋在恭维之下都得到极大满足，而且几百万人众口一词，这使他们赞同的那些说法看上去显得有些道理。（其中的大多数人所认为的“有道理”，指的是至少有相当数量的人都表示赞同的意思；对大多数人来说，“有道理”跟理性没有任何关系，而只关乎多人达成的共识。)群体作为一个整体,它需要群体性自恋来保证自己的生存,因此它会进一步推动自恋倾向的发展,并赋予这种倾向一种特别正直高尚的资质。

从古至今,自恋倾向涉及的群体在结构和规模上各有不同。在原始部落或宗族中,它可能仅仅包括几百个人,但这些个体并不是真正意义上的“个体”(individual),他们仍然被尚未断裂的“始发纽带”(primary bonds)[①]联合在一起,形成一个血缘性群体。该群体成员在部落/宗族之外没有情感上的自身存在,这一事实使他们对群体的自恋性情感变得更加强烈。

在人类的发展历程中,我们看到社会化的范围越来越大,最初基于血亲关系组成的小群体,渐渐被基于共同语言、共同社会秩序、共同信仰的更大的群体所取代。但是,群体规模更大并不必然意味着自恋的病态性质有所弱化。如我们前文所言,“白人”或“雅利安人”群体性自恋的恶性程度可以发展到何种地步,其实与单个个体极度自恋的发展极限不相上下。不过通常情况下,我们发现社会化过程会有助于形成更大规模的群体。在这一过程中,人们需要与形形色色的其他人展开合作,而这些人并不是因血缘关系而彼此息息相关的群体内部成员,这种需要往往会弱化群体内部的自恋情感。结合我们上文讨

---

① 详参弗洛姆在《逃避自由》一书中有关“始发纽带”的讨论[E. Fromm, *Escape from Freedom* (New York: Holt, Rinehart & Winston, 1941)]。

论过的良性个体自恋形式，这一点从另一个方面来看同样说得通：由于大规模群体(民族、国家或宗教)把通过自身努力在物质生产、精神生产或艺术创造领域获得有价值的成就当作其为之感到自恋式骄傲的对象，在这些领域进行工作的过程本身，往往会弱化群体成员的自恋情感。一个规模庞大的群体，其自恋倾向与其反作用力有时候会奇怪地彼此交融。类似的例子不在少数，罗马天主教会的发展历史便是其中之一。对天主教内部的自恋情感起着反作用的几个因素，首先是“人的普遍性”概念和“信奉一种‘广泛包容’的宗教”概念，这种宗教不再仅限于某个特定的部落或者民族。其次是继上帝观念的提出和拒绝偶像崇拜之后，人应该保持谦卑之心的观念。上帝的存在意味着没有人能成为上帝，没有任何个体能变得无所不知或无所不能。这就为人的自恋式自我崇拜设定了一道明确的界限。然而与此同时，天主教会却滋生出一种强烈的自恋：相信教会是人们获得救赎的唯一机会，相信教皇是基督在尘世的代表。他们是一个如此非凡的机构中的成员：如此一来，教徒们能够发展出一种强烈的自恋。同样的事情也发生在与上帝有关的事务中：上帝无所不知且无所不能；这一点本该令人谦卑；但个体对上帝产生身份认同，因而在这一认同过程中发展出一种程度非同寻常的自恋倾向。

自恋与反自恋功能这种暧昧不明的关系同样见诸其他几大宗教，如佛教、犹太教、伊斯兰教和新教。我在上述分析中以天主教为例，不仅因为它众所周知，而且主要因为罗马天主教在十五、十六世纪这一段历史时期既是人文主义思想的基础，也是暴力和狂热的宗教自恋的缘起。教会内外的人文主义者们以人文主义之名著书立说，而人文主义是基督教精神的本源。库萨的尼古拉（Nicholas of Cusa）提倡对所有人心怀宗教宽容（*De pace fidei*）；马尔西利奥·费奇诺（Marsilio Ficino）教导他人，爱是一切创造的根本力量（*De amore*）；伊拉斯谟（Erasmus）坚决主张相互包容和教会民主化；托马斯·莫尔（St. Thomas More），这位不愿追随亨利八世遵奉英国国教安立甘宗的天主教教徒，为宗教普世主义和人类团结发声并为此献出了自己的生命；波斯特尔（Guillaume Postel）在库萨的尼古拉和伊拉斯谟奠定的基础上呼吁全球和平与世界大同（*De orbis terrae concordia*）；西库洛（Siculo）追随皮科·德拉·米兰多拉（Pico della Mirandola）的步伐，热情洋溢地为人的尊严、理性和美德以及人自我完善的能力大唱赞歌。这些人和其他从基督教人文主义的土壤中成长起来的众多人文主义者一道，大力推崇人的普遍性、人与人之间兄弟般的友爱情谊、人的尊严和理性。他们为宽容与和平而战。①

与他们对峙的宗教狂热力量来自两个方面：路德派和天主教会。人文主义者们努力避免祸事纷争，最终却是两支狂热

① 详参弗里德里希·希尔非常精彩的著作《第三力量》[Friedrich Heer, *Die dritte Kraft* (S. Fischer Verlag, 1960)]。

的宗教力量胜出。宗教迫害在灾难性的“三十年战争”[①]期间达到顶峰，这对人文主义思想的发展来说是个打击，欧洲大陆至今未曾彻底恢复。当我们回顾十六、十七世纪的宗教仇恨，其中的非理性因素显而易见。双方都拥有以上帝之名、以基督之名、以爱之名的宗教信仰，彼此之间存在某些观念上的分歧，但与总体原则相比，其实没那么重要。然而，他们互相仇视，对人性止于自己这一派宗教信仰的前线阵地这一点，各自深信不疑。这种过度评价己方观点和立场、仇视一切异己之见的做法，其本质正是自恋。“我们”是“可敬可佩的”，“他们”是“可恶可鄙的”；“我们”是“良善之辈”，“他们”是“邪恶之徒”。对我们所奉教义提出的任何批评，都是不可忍受的恶毒攻击；对他们提出批评，是帮助他们回归真理的善意之举。

自文艺复兴以降，这两股强大的彼此针锋相对的力量——群体性自恋和人文主义——以其自己的方式各自谋求发展。不幸的是，群体性自恋将人文主义远远地抛在了后头。在中世纪晚期和文艺复兴时期的欧洲，政治上和宗教上的人文主义看上去呼之欲出，结果却希望落空，不曾真正成为现实。群体性自恋的新形式涌现出来，并主宰了随后的几个世纪。这种群体

① 三十年战争（1618—1648），由神圣罗马帝国内战演变而成的一次大规模欧洲国家混战，是历史上第一次全欧洲大战。战争基本上以德意志新教诸侯和丹麦、瑞典、法国（法国信天主教，为称霸欧洲，选择与新教国家联手）为一方，并得到荷兰、英国、俄国支持；神圣罗马帝国皇帝、德意志天主教诸侯和西班牙为另一方，得到教宗和波兰的支持。——译者

性自恋呈现出各种各样的表现形式：宗教的、国家的、种族的、政治的。新教徒与天主教徒势不两立，法国人与德国人互不相容，白人与黑人势同水火，雅利安人针对非雅利安人；内容虽然有所不同，但从心理学角度讲，我们所面对的，是同一种自恋现象及其引发的狂热和毁灭。①

在群体性自恋日益壮大势力的同时，作为其对立面的人文主义也在向前发展。在十八、十九世纪，从斯宾诺莎、莱布尼茨、罗素、赫尔德、康德到歌德和马克思，“人类的每一个个体自身都具备人性的一切方面”以及“坚决不允许存在任何宣称其各种特权是基于其内在优越性的特权群体”，这些思想观念得到了发展和推广。第一次世界大战对人文主义来说是一次沉重打击，它催生了愈演愈烈的群体性自恋狂欢：第一次世界大战所有参战国的全国性歇斯底里大发作、希特勒的种族主义、西方国家的狂热反共浪潮。群体性自恋花样百出的这些表现形式，已经把全世界带到了全面毁灭的深渊边缘。

在人类所面临的这种威胁之下，我们今天在全球各个国家、多元意识形态之中都可以看到人文主义的复兴；在天主教和新教神学家、社会主义者和非社会主义哲学家之中，都有激进的人文主义者。全面毁灭的危险是否会真正降临，新人文主

① 此外还有其他危害性较小的群体性自恋形式，它们见诸小规模群体，如某些组织的地方分会、一些小型的宗教派系、“校友会”等等。这些群体的自恋在程度上可能并不比大规模群体轻，它们之所以没那么危险性，是因为这些群体几乎不掌握什么权势，因而几乎不具备造成伤害的能力。

义者们的思想观念和新通讯手段在人与人之间形成的联结纽带是否足以阻止群体性自恋的效应，这是一个可能会决定人类未来命运的问题。

群体性自恋不断加强，从前体现在宗教组织，如今只是改头换面变成了国家、种族和党派自恋，这的确是个很奇怪的现象。首先是因为自文艺复兴以来人文主义思想力量取得的进展，我们在上文已有论述。其次是科学思想的不断发展，它会逐渐削弱自恋。科学的方法要求客观性和务实精神，要求我们实事求是地看待世界，而不被自己的欲望和恐惧所扭曲。它要求我们在客观现实面前保持谦卑之心，放弃一切无所不能和无所不知的妄想。它需要批判性思维、实验方法、客观证据和怀疑态度，这些都是科学研究的典型特征，也正是这些思想方法往往对自恋倾向起着反作用。毫无疑问，科学的思维方式对当代新人文主义思想的发展产生了影响，而且我们这个时代大多数杰出的自然科学家都是人文主义者，这一点也并非偶然。然而，虽然绝大部分西方人曾经在中小学或者大学里"学过"科学的方法，但他们从未切实领会科学方法和批判性思维的真实内涵；甚至自然科学领域中的大部分专业人士也仅仅只是**技术人员**，尚不具备真正的**科学态度**。对大多数人来说，学校教给他们的科学方法就更没什么重要性可言了。虽然我们可以说，高等教育在某种程度上往往对个体自恋和群体性自恋起到缓和削弱的作用，但这并没能阻止大部分"受过教育"的人们热情洋溢地投身于各种国家性的、种族性的和政治性的运动中去，而这些运动所体现的，正是当代群体性自恋。

情况看上去与预期背道而驰，科学缔造了新的自恋对象——技术。人类创造了一个从前无法想象的世界，发明或发现了无线电、电视机、原子能、太空旅行，他对此怀有自恋式的骄傲，他甚至对自己有可能毁灭整个地球也深感骄傲。人类为他自恋性的自我膨胀创造了一个新对象。在研究现代历史上自恋发展的方方面面时，我们难免会想到弗洛伊德所说的：哥白尼、达尔文以及他自己，彻底推翻了人认为其在宇宙中扮演着独一无二的角色、认为其意识是不可化简的基本存在这一信念，此举深深地伤害了人的自恋之心。人的自恋之心以这种方式受到伤害，看上去程度被大大削弱了，然而实际并非如此。作为应对，人转移目标，把他的自恋瞄准别的对象：民族/国家、种族、政治信条、技术。

有关群体性自恋的病理性特征，最明显常见的症状是缺乏客观性和理性判断，这一点与个体自恋相同。仔细观察贫穷的白人对黑人或者纳粹分子对犹太人所做的判断，我们就能轻易发现他们在各自的判断中存在歪曲事实的特性。一星半点的真相掺杂其中，由此得到的整个故事都是谎言捏造而成的。倘若有人凭着其自恋性的自命不凡采取政治行动，那么客观性的缺乏往往会引发灾难性的后果。我们在二十世纪上半叶已经目睹了民族性自恋后果的两个极其显著的例子。在第一次世界大战爆发多年以前，法国奉行的战略理念宣称，法国军队不需要太多重型火炮或大量机枪，法国士兵被认为极具法兰西大无畏精神和高昂士气，一把刺刀便足以杀退敌军。而事实却是，成千上万名法国士兵在德国人的机枪扫射之下应声倒地，只是因为德军出现战略性失误以及美国施以援手，才使法国免于溃败。在第二次世界大战中，德国出现类似失误。希特勒，一个极度自恋之人，成功激发了几百万德国人的群体性自恋，却高估了德国的实力，低估了美国的实力，并且和另一位自恋的军事将领拿破仑一样，低估了俄国的严冬酷寒。即便有如此聪明才智，希特勒也无法**客观看待现实**，因为比起军队的装备和天气现实情况，战胜和统治的愿望对他具有更重大的影响。

与个体自恋一样，群体性自恋也需要得到满足。这种满足在某种程度上是通过其所在群体成员共有的自认优越、所有其他人都低劣的思想意识得以实现的。在宗教性群体中，这种满足很轻易就能通过下面这种想法得到实现：我所在的群体是唯一信仰真正上帝的群体，既然我的上帝是真正的上帝，那么所有其他群体都由误入歧途的异教徒聚集而成。即便不假借上帝来充当自己优越性的见证人，群体性自恋也能在世俗层面得到类似的结论。在美国某些地区和南非的白人自恋地坚信自己优于黑人，这就表明：个体的自我优越感或他人群体的低劣感是不受任何限制的。然而，一个群体的这些自恋性自我形象也需要在现实中得到某种程度的证实。只要美国南部亚拉巴马州或者南非的白人手握实权，能通过社会、经济和政治性的歧视行为来表明其对黑人具有的优越性，那么他们的自恋信念就具备某些现实支持，继而进一步增强其整个自恋思想体系。这一点同样适用于纳粹分子：犹太人的灭绝净尽必须被当成证据，证明雅利安人比他们更优越（对一个施虐者来说，他掌握了别人的生杀大权就能证明他更优越）。然而，倘若这个因自恋膨胀起来的群体找不到另一个成员较少且无能无助到足以沦为他人自恋性满足对象的群体，那么前者的自恋倾向很容易催生军事征服的欲望。这就是 1914 年之前的泛德意志主义和泛斯拉夫主义发展路径。在这两个例子中，每个国家都被赋予“受上帝垂爱之国”的角色，比所有其他国家都更具优越性，因此对那些不接受其优越性的国家发动攻击是正当合理的。我并不是说，第一次世界大战爆发的“原因”是泛德意志和泛斯拉夫运动的自恋倾向，但他们的狂热无疑是导致大战爆发的原因之一。然而除此之外，我们不应该忘记的是，战争一旦打响，各国政府便会试图激发全国性的自恋浪潮，以此作为成功发动战争的必要心理条件。

倘若群体性自恋受到伤害，我们会发现，前文论及个体自恋时所说的狂怒反应同样也会发生。历史上有很多这类例子，因为象征着群体性自恋的符号或标志遭人鄙薄，常常引起人们近乎疯狂的暴怒。污损某国旗帜，亵渎某人尊奉的上帝、君王或领袖，战败和丧失领土——这些常常激起强烈的群众性复仇心理，继而引发新一轮战争。只有镇压或征服冒犯他们的人，使对方不再侮蔑他们的自恋之心，其自恋的伤口才能愈合。个人也好，国家民族也罢，复仇之举往往是因为其自恋之心受到伤害，并且需要通过毁灭冒犯者来最终“治愈”伤痛。

自恋的病理特征还有最后一个要素不得不提。极度自恋的群体渴望有一个他们能产生认同感的领袖。这位领袖受到群体的尊崇，群体把其自恋投射到他身上。臣服于这位强大领袖，这在深层来讲是一种共生和身份认同行为；在这种臣服行为中，个体的自恋被转移至领袖。领袖越伟大，其追随者就越伟大。在个体层面特别自恋的风云人物最适合实现这一功能。这位领袖相信自己很伟大，并且从无疑虑。对那些臣服者的自恋具有吸引力的，正是他这份自恋。他客观判断的缺乏、他遭遇任何挫败时出现的暴怒反应、他想要时刻保持无所不能自我形象的需要，这些都可能会刺激他出现各种失误，从而导致毁灭；但在此之前，这位半疯的领袖通常是最成功的一位。然而，总有一些天赋异禀的半精神病患者前仆后继，满足自恋群体的各种需求。

至此，我们已经探讨了自恋现象，对其展开了病理、生物学功能以及社会学功能方面的分析。由此我们或许可以得出结论，当处于良性形式且不超出某种阈限时，自恋是一种必要且有价值的倾向。但是，我们的描述并不完整。人类关心的不是只有生物学意义和社会意义上的生存问题，还有各种**价值观**，因为价值观的存在和发展，他才成其为人。

从价值观的角度来看，自恋显然与理性和爱相冲突。这一点几乎不言自明。因为自恋倾向的这种本质，只要它存在，便会使人在某种程度上无法实事求是地看待现实，也就是无法形成客观认识；换言之，它会妨碍理性。它对爱的妨碍可能没有这么显而易见，尤其我们还记得弗洛伊德曾经说过：所有的爱都含有强烈的自恋成分；爱上一个女人的男人把她变成他自恋的对象，因此她变得迷人又性感，因为她是他的一部分；她也可能对他做同样的事，于是就出现了人们所说的“伟大的爱情”，但这往往只是感应性精神病，而不是真正的爱情。男女双方都保留着本身具有的自恋，他们对彼此并没有产生真实、浓厚的兴趣（更勿论对任何其他人），他们仍然敏感易怒、多疑猜忌，而且极有可能各自都需要一个新人为自己带来新鲜的自恋满足。对自恋者来说，伴侣从来都不是一个独立或实在的个体；他只作为自恋者因自恋膨胀起来的自我的影子而存在。与此对照的是，非病理性的爱并不以相互自恋为基础，它是各自体验为独立实体的两个人形成的一种关系，他们能向对方敞开自我，并与对方合为一体。将欲体验爱情，必先体验分离。

倘若我们认为所有伟大的人文主义宗教教义都可以归结为一句话：**克服自恋是人的奋斗目标**，那么从道德-精神角度来看自恋现象具有怎样的重要性,就变得特别清晰了。对这一原则的表述,或许没有哪家学说比佛教更激进的了。佛陀的教义相当于表示,人只有从他的幻觉中醒来并保持对现实的清醒才能拯救自己脱离苦海;这些现实包括生老病死,也包括人的贪婪欲望不可能永远得到满足的现实。在佛陀的教导之下"幡然醒悟"的人,就是克服了自恋的人,因而也是能保持完全清醒的人。这种观点或许我们可以换一种说法:人只有消除他"拥有坚不可摧的自我"这种幻想,且一并放弃所有其他贪求之物,才能对世界敞开,并与之产生充分的关联。这一彻底清醒的过程与个体通过与世界产生关联来替换内心的自恋,二者在心理上是完全一样的。

在希伯来人和基督徒的传统中,这一相同目标有着各种不同的表述方式,指的也是对自恋的克服。《旧约全书》说:"你要爱邻如己。"这就要求人们克服自己的自恋,至少要达到相信邻居和自己一样重要程度。但《旧约全书》不止如此,它还要求人们爱"寄居者"①(你们在埃及地作过寄居的,知道寄居者的心情)。寄居者(陌生人)是不属于我所在的宗族、家庭、国家的人;他不属于我自恋依附着的群体;他仅仅是个人类。正如赫尔曼·科恩(Hermann Cohen)所言,人们在陌生人身上发现

① 原文"stranger"通常作"陌生人"解,此处参照《新约全书》现代中文译本,取"寄居者"之说。为求语义准确通顺,下文根据语境或译"陌生人",或译"寄居者"。——译者

的，只是“他是个人”[①]。在对陌生人的爱里，自恋之爱消失了，因为这意味着我对另一个人的爱是出于他的本真和我俩之间的不同，而非出于他像我。《新约全书》说：“爱你们的仇敌。”这更是直截了当地表达了同样的观点。倘若这个陌生人对你来说已经成为一个完全的人，那么也就不存在什么仇敌了，因为你已经成为一个真实的人。唯有在自恋被克服、唯有“我就是你”的时候，爱陌生人和爱仇敌才可能成为现实。

反对偶像崇拜，是先知书的中心议题，这同时也是反对自恋。在偶像崇拜中，人的部分能力被绝对化，并被尊为偶像。于是，人以一种异化的方式崇拜他自己。他潜入其中的这尊偶像变成了他自恋激情的对象。与此相反的是，“上帝”这个观念其实是对自恋的否定，因为只有上帝，而不是人类，才是无所不知和无所不能的。一个无法界定和难以形容的上帝，是对偶像崇拜和自恋的否定。然而很快上帝又成为偶像，人以一种自恋的方式对上帝产生认同，因此与上帝概念最原初的功能完全对立的是，宗教成了群体性自恋的一种表现。

人只有彻底摆脱自恋之后才能完全成熟，包括个体自恋和群体性自恋。心理学研究中所说的心智发展，其目标与人类历史上伟大的精神领袖们用宗教-精神术语所说的目标，本质上

---

① 赫尔曼·科恩《源于犹太教的理性宗教》[H. Cohen, *Die Religion der Vernunft aus den Quellen des Judentums* (Frankfurt am Main: F. Kaufman, 1929)]。

是一样的。概念表述各有不同，但实质和各种概念所涉及的人类经验是一样的。

我们生活的历史时期，其特点是人的智力发展与从前相比有了巨大的飞跃，这使我们造出了最具毁灭性的武器；心智-情绪发展方面也同样如此，这使我们仍处于一种显著的自恋状态，并表现出所有的病态症状。这种发展很容易引发重大灾难，我们又该当如何才能避免呢？在可预见的未来，人究竟有没有可能纵使所有的宗教教义都摆在眼前也要迈出从来不曾迈出的一步？会不会自恋在人心之中根深蒂固，深到他永远都无法克服他的“自恋内核”，就像弗洛伊德想的那样？有没有可能在人有机会成为完整的人之前，他的自恋性癫狂不至于使人类毁灭？我们还能怀揣任何这样的希望吗？这些问题没有人能给出一个确切的答案。我们只能研究最理想的可能性有哪些，或许只有这些可能性才能帮助人类避免那场大灾难。

我们不妨从看上去最容易的方式入手。在不减弱每个人的自恋能量的情况下，自恋的**对象**也可以被改变。倘若人类能变成群体性自恋的对象，整个人类大家庭——而不是某个国家、某个种族或者某一套政治体制——变成自恋对象，我们或许大有可为。倘若个体能首先把自己当作一名世界公民，倘若他能为人类和人类取得的成就感到骄傲，那么他的自恋会转向人类，把人类而不是其冲突性的部分作为对象。倘若所有国家的教育体系都强调人类的成就，而不是某个民族或国家的成就,那么人之为人的骄傲就有了一桩更具说服力和更打动人的事实。古希腊诗人借安提戈涅(Antigone)之口说:“奇异的事物虽然多,却没有一件比人更奇异。”倘若这种感想能为所有人共有,那么我们就能向前迈一大步了。除此之外,还有另一个要素必须提及,那就是所有良性自恋具备的共同特征,即以一项通过自身努力取得的成就作为自恋对象。能让每个人都为自己属于人类而感到骄傲的那些任务,必须由人类所有成员共同承担,而不是哪个特定的群体、阶级或宗教。我们当前就面临着人类共同的任务:携手对抗疾病和饥饿,运用我们的通讯技术为全世界各族人民传播知识和艺术。事实上,尽管人们在政治和宗教思想方面存在诸多差异,但是没有任何人承担得起将其自身排除在这些共同任务之外的后果;因为本世纪最伟大的成就,恰恰在于我们已经彻底推翻了如下这些信念:人与人之间不平等是天生注定或是神的旨意、剥削行为有其必然性或正当合法性。文艺复兴时期的人文主义、资产阶级革命、俄国十月革命、中国辛亥革命、殖民地爆发的各种革命,这些都是基于一个共同的思想:人人平等。即便其中有些革命在有关体制下有悖人人平等这一原则,但历史事实是,人人平等的观念以及由此而生的人人享有自由和尊严的观念,已经征服了全世界;而且我们也很难想象,人类还会重拾不久之前仍占据着人类文明史主要地位的那些观念。

人类形象和人类成就作为良性自恋的对象,可以通过联合国这样的超国家组织得到体现。我们甚至可以为此构建专属标志、节日和纪念活动。成为年度最受瞩目节日的，不是某个国家性节日，而是“人类的节日”。但是显然，要发展到这一步，只有在尽可能多的国家且最终是所有国家都一致同意不仅在政治上也在情感事实上为了人类的主权而主动让出一部分国家主权，才能真正实现。一个实力增强的联合国和针对各种群体性冲突提出合情合理的和平解决办法，这是使人类及其共同成就成为群体性自恋对象显而易见的条件。①

正如我们前文所言，自恋对象从单个群体到全人类及其成就的这种转变，确实会对民族性自恋和意识形态性自恋具有的危险起到抵消的反作用。但这还不够。倘若我们忠于我们的政治理想和宗教理想，忠于无私互爱的基督教及社会主义理想，那么我们的任务就是弱化每一个个体的自恋程度。虽然这将需要好几代人的努力，然而与以往任何时候相比，这项任务如今更有可能实现，因为我们已经有办法创造一种使每一个人都过得有尊严的物质条件。技术的发展会使一个群体完全不再需要奴役和剥削另一个群体。技术已然把战争变成了过时之举，它成为了经济层面的理性行动。人类将会首次摆脱半动

---

① 在此我想略提几点建议，为这类尝试可采取的具体措施作一番举例说明。历史教科书应该改写为世界历史教科书，书中每个国家的人类占比要贴合现实，不被歪曲篡改，正如世界地图在所有国家都一样，并不夸大哪一国的疆域范围。除此之外，电影可以拍成令人为人类发展感到骄傲的样子，告诉大家人类及其成就是众多群体同心协力各承其责最终汇聚融合的结果。

物状态，成为一个完全意义上的人，并因此不再需要自恋式的满足来补偿其物质和文化上的匮乏。

在这些新条件的基础上，人类为克服自恋做出的尝试和努力可以通过科学和人文主义的指引得到极大助力。正如我已经阐明的那样，我们必须转变在教育方面的努力方向，从主要以技术为导向转到以科学为导向。这就是说，我们要进一步推动批判性思维、客观性、对现实的坦然接受以及真理概念的教育。这种真理不在任何法令强权面前折腰，且对任何可能的群体都行之有效。倘若一些文明国家能在其年轻人的心目中将科学导向塑造为一种基本态度，那么在与自恋的对抗中将会大有所成。同样为此推波助澜的第二个因素，是人文主义哲学和人类学知识的传播。我们不能指望所有的哲学分歧和宗教差异都消失。我们甚至不能有这种想法，因为创建一个声称“唯其正统”的体系可能会催生另一个自恋之源。然而即便考虑到现有的这些差异，也还存在着共同的人文主义信条和经验。这个信条就是，人类的每一个个体都具备人性的一切方面，尽管我们在智商、才能、身高和肤色方面不可避免地存在差异，但“人的状况”对所有人来说都是同一的。人文主义经验包括：人类的方方面面没有什么对我们来说是异的，“我就是你”，人与人之间是可以互相理解的，因为我们都有着相同的人类生存环境。只有我们扩大自己的认识范围，这一人文主义经验才会变得完全可能。我们本身具有的认识通常囿于所在的社会允许我们认识到的范围，那些与之格格不入的人类经验会被屏蔽压制。因此，我们的意识所代表的，主要是我们自己所在的社会和文化，而我们的无意识则代表着每个人身上都有的普遍意义上的人。[①] 自我认识的拓宽、超越意识和照亮社会无意识领域，这将会使人亲身体验到所有的人性；他将同时拥有自己作为罪人和圣人、儿童和成人、神志正常和精神失常、活在过去和活在未来的体验，他内心会具备人类曾经拥有并且即将拥有的人之为人的一切体验。

我相信，所有宣称代表人文主义的宗教、政治和哲学思想所尊崇的人文主义传统，它真正的复兴，将会为我们今天最重要的“新前沿”带来相当大程度的进步。这种“新前沿”就是：人发展成为一个完全意义上的人。

言及于此，我并不是说单单教育一项就能成为实现人文主义目标决定性的一步，这也是文艺复兴时期的人文主义者们所持的看法。只有基本的社会、经济和政治形势发生转变，所有这些教育举措才会产生影响。这种转变是从官僚工业主义到人文主义-社会主义性质的工业主义、从集权化到分权化、从组织人到有责任心和积极参与各项事务的世界公民、从隶属于国

① 详参弗洛姆所著的《禅宗与精神分析》[E. Fromm, *Zen Buddhism and Psychoanalysis* (New York: Harper & Row, 1960)]与《在幻想锁链的彼岸》[E. Fromm, *Beyond the Chains of Illusion*, “The Credo Series” Ruth Nanda Anshen (ed.) (New York: Simon and Schuster, 1962 & New York: Pocket books, 1963)]。

家主权到隶属于人类整体主权及其选定的机构、从“富”国和“穷”国在双方合作中的共同努力到齐心协力建设发展后者的经济体系，再到全世界裁军和把现有的物质资源用于各项建设性任务的方方面面的转化。世界各国普遍裁减军备同样也是必要的，这里还有另一个原因：倘若一部分人生活在被另一群有着共同政治利益的国家集团全面毁灭的恐惧之中，那么世界上剩下的人就都生活在被这两个集团毁灭的恐惧之中。如此一来，毫无疑问，群体性自恋将不会得到削弱。只有在他认为自己和他的孩子们都活在安然之世，年年岁岁来日可期，人才能成其为人。

第五章　乱伦固着

在前几章中，我们讨论了两种倾向：恋尸癖和自恋；其最极端的形式对生命和成长不利，助长冲突、毁灭和死亡。本章我将探讨第三种倾向——乱伦共生，其恶性形式引发的后果与我们前文讨论过的两种倾向类似。

与此前的做法相同，我将从弗洛伊德理论中有关个体对母亲的乱伦固着这个核心概念着手开始进行分析。弗洛伊德认为，这个概念是其科学大厦的奠基石之一；我也认为，在有关人的科学研究中，他提出的"对母亲的固着"这个概念，确实是影响最深远的发现之一。但在这一领域，与我们之前讨论过的情形一样，弗洛伊德把它强行纳入他的力比多理论框架之中，限制了该概念及其影响力的进一步发展。

弗洛伊德注意到，儿童对母亲天生固有的依恋情感中有着非同寻常的能量，普通人鲜少能完全克服这种依恋。弗洛伊德已经发现，它会导致人与异性的交往能力受损；他的独立性被削弱；他有意识的目标与他被压抑的乱伦依恋之间的矛盾可能会引发各种各样的冲突和症状。弗洛伊德认为，个体对母亲的依恋，其背后之力在小男孩身上是生殖器力比多之力，它使他对母亲产生性欲并把父亲视为性竞争对手而产生仇视。但是鉴于这位竞争对手力量比他更强大，小男孩会压抑自己的乱伦欲望，并对父亲的命令和禁律产生认同。但在无意识中，他被压抑的乱伦欲望仍在流连盘桓，虽然只在病态程度更深的情况下才具有更高的强度，但它从未消失。

至于小女孩情况如何，弗洛伊德在 1931 年承认，自己此前低估了她对母亲依恋的持久性。有时候，它由“持久得多的早期性欲的最高潮时期构成。……这些事实表示，女性的前俄狄浦斯阶段（pre-Oedipal phase）比我们至今认为的更具重要性”。弗洛伊德继续写道，“我们之前认为俄狄浦斯情结是神经症的核心，现在看起来不得不撤销这一论断的普遍性”。然而他又补充说，倘若有人不愿接受这一修正，他便不需要如此多此一举，因为我们可以“对俄狄浦斯情结的内容进行拓展，令其包括所有儿童与父母之间的关系；或者也可以说，女性只有在超越了由消极性情结主宰的第一个阶段之后，才能进入正常的俄狄浦斯状态……”“我们在小女孩这一前俄狄浦斯阶段发展问题上的洞见，”弗洛伊德总结道，“令我们有些意外，这就好比继古希腊文明之后，考古学家们又惊讶地发现了繁盛于这之前的米诺斯-迈锡尼文明。”①

---

① 弗洛伊德《弗洛伊德文集》第五卷，第 254—255 页（S. Freud, *Collected Papers*, *Vol*. V, pp.254 - 255）。

在上一句话中，弗洛伊德其实已经隐晦地承认了，对母亲的依恋在两性身上都很常见，这是个体发展的最早期阶段，而且个中情形可以拿前希腊文化时期的母系社会特征与之相类比。但他并没有继续坚持这一主张。首先，他有些自相矛盾地总结道，儿童对母亲的俄狄浦斯依恋阶段——或许可称之为前俄狄浦斯阶段——我们可以说，它在男性身上很重要，但在女性身上更为重要。其次，他只是从力比多理论角度来理解小女孩的这一前俄狄浦斯阶段。他曾经提到，很多女性抱怨母乳喂养期不够长，这令他不由得怀疑“倘若我们分析那些吮吸母乳期与原始人婴童一样长的儿童，就不会遇到类似的抱怨了”。这种想法其实快要超越他之前从力比多理论角度得出的解释了，但结果他的答案却是：“儿童力比多是如此贪婪。”①

男孩和女孩对其母亲的前俄狄浦斯依恋，与男孩对母亲的俄狄浦斯依恋，二者在性质上是不同的。而在我看来，前者是一种重要得多的现象；与之相比，小男孩的生殖器乱伦欲望倒远没有那么重要。我发现，男孩或女孩对母亲的前俄狄浦斯依恋是人类进化过程中的主要现象之一，也是导致个体罹患神经症或精神病的主要病因之一。与其把它界定为力比多的外在表现，我更愿意把重心放在对它性质的描述上；而不管我们采

① 梅兰妮·克莱因认为，早在婴儿出生后第二年，俄狄浦斯情结就已经开始；对此，弗洛伊德提出明确反对（前引，第 270 页）。

不采用“力比多”这个术语，这一性质与男孩的生殖器欲望都完全不是一回事。这一“乱伦”努力，在前生殖器意义上，是男性或女性最基本的强烈情感之一。它包括人类想要得到保护的欲望，自恋得到满足的欲望，他想要摆脱责任、自由、意识所具有的风险的渴望，他对无条件的爱的渴望，这种无条件的爱不会期待他给出任何爱的回应。婴儿确实通常具有这些需要，母亲则是满足这些需要的人。若非如此，婴儿将无法存活，他不能自理，无法自食其力，需要别人的爱和照顾，这种爱和照顾不依赖于任何他自身具备的优点。倘若不是由母亲来满足他的需要，用沙利文（H. S. Sullivan）的话来说，就有另一位“母职人物”（mothering person）来代为履行母亲之职，这个人也许是他祖辈中的某位女性或父母亲的某位姐妹。

婴儿需要一位像母亲般呵护他的人，这是更为显而易见的事实，但它却掩盖了另一个事实：不仅婴儿不能自理且渴望确定性，照顾他的那位成年人在很多方面也很无助，且在程度上并不比前者轻。的确，他能承担并完成社会指派给他的各项任务，但他同时也比婴儿更加清楚生命中的各种威胁和风险；对自己掌控不了的自然力量和社会力量、无从预知的意外事故、避不开的疾病和死亡，他是心知肚明的。在这种境地中，人拼命想要获得某种力量来赐予他确定性、保护和爱。还有什么比这更正常的事吗？他也曾渴望母亲，而这种欲望不仅仅是对母亲渴望的“重现”；它之所以会产生，是因为就算他已经成年，那种使婴儿陷入渴望母亲之爱的境地也与此时如出一辙，即便前后层次不同，它也依然存在。倘若人类——男人也好，女人也罢——在其有生之年都能找到“母亲”，生命将不会背负那么多危险和悲剧。人被驱使着不顾一切地追求这种海市蜃楼，对此我们还会觉得意外吗？

然而与此同时，人或多或少心里也是清楚的：失去的乐园无法复得，他注定要活在不确定性和危险之中，他不得不依靠自己的努力，只有充分发展自己的威力才能获得一点点力量和无畏。因此，自降生之后，他就受到两种倾向的撕扯，或是向光明而生，或是向子宫回归；或是前路多舛，或是万事皆定；或是为独立而冒险，或是求得保护和仰仗。

从遗传学角度来讲，母亲是保护和保证确定性之力量的第一化身。但绝非仅她一人如此。此后当孩子逐渐长大，作为单个个体的母亲通常会被家庭、宗族、所有与这个孩子血脉相连和诞生于同一片土地上的人来替代或补充。再后来，当群体规模增大，种族、民族、宗教或政治党派变成了“母亲”，保证给他提供保护和爱。在更加因循守旧的人那里，大自然、地球和海洋会成为“母亲”的伟大代表。母亲身负的功能，从真实的母亲转移到家庭、宗族、民族、种族；这种跨越具有怎样的好处，这与我们在探讨人从个体自恋发展到群体性自恋时的情况是一样的。首先，每个人的母亲一般都会先于他离世，因此个体想要一个母亲式的人物，这种需要永世不灭。再者，仅对自己个人的母亲忠贞不渝，这会使他陷入孤独，并被有着不同母亲的其他人孤立。然而，倘若整个宗族、民族、种族、宗教或上帝能变成一位为众人共同拥有的“母亲”，那么母亲所有权就会超越个体，将他与所有崇拜同一位母亲偶像的那些人联合起来；如此一来，大家都不需要因为把母亲变成偶像而感到汗颜难堪；称颂群体成员共同拥有的这位“母亲”，会令他们团结一心，并消除所有的羡妒和戒备。崇拜大母神的众多团体、圣母马利亚的信众、民族主义和爱国主义的忠实拥趸，他们都见识过这种崇拜之心是何等强烈。那些有着强烈恋母情结的人，以及那些与民族、土地和血缘有着异常紧密关系的人，此两类人存在密切相关性，这一点很容易在实践经验中得到证实。[①]

有关性因素在个体与母亲的关系中扮演着什么角色，我们还需要稍作说明。在弗洛伊德看来，小男孩被母亲所吸引，性因素在其中起着决定性作用。弗洛伊德得出这个结论，是基于两个事实的结合：其一，男孩被母亲所吸引；其二，他早期就存在生殖器欲望。弗洛伊德用后者解释了前者。在很多情况下，小男孩对母亲有性欲，小女孩对父亲有性欲，这一点毫无疑问；但是，父母在性方面的影响是造成这些乱伦欲望的一个非常重要的原因。这桩事实（弗洛伊德一开始注意到了，后来又予以

① 一个有意思的现象是，西西里的黑手党是内部成员关系紧密的男性帮会，女性被排除在外（也因为如此，她们很偶然地从未受到伤害），但帮会成员称女性为“妈妈”。

否认，之后由费伦齐重拾发展）暂且不论，儿童的性欲实际上并不是引起其恋母情结的原因，而是这种固着导致的**结果**。除此之外，在成年人梦里可以看到的乱伦性欲中，可以说，性欲通常是对一种更深回归的防御。通过肯定他的男性性征，这个男人实际在自我防卫，在抵制自己想要回到母亲乳房或子宫的欲望。

这同一个问题的另一方面，是女儿对母亲的乱伦固着。就男孩而言，此处广义上的对“母亲”的固着涉及任何可能进入这段关系的各种性因素；但在女孩这里，情况却并非如此。她在性方面受到的吸引应是来自父亲一方，而我们所说的乱伦固着所指的是母亲。正是这种不一致清楚地告诉我们，即便是最深的对母亲的乱伦固着，也能在不带一丝性刺激的情况下存在。我们有女性对母亲产生乱伦固着的大量临床经验，其强度不亚于男性。

对母亲的乱伦欲望，在很多情况下不仅意味着个体渴望母亲的爱和保护，也意味着他对母亲的畏惧。这种畏惧，首先是个体对母亲的依赖所造成的后果——依赖会削弱他本身的力量感和独立感；它也可能是个体对吮吸倾向或返回母亲子宫倾向的畏惧，我们在深度回归的例子中可以看到这些倾向。正是这些因素把母亲变成了一个危险的食人狂，或者说一个极具毁灭力的恶魔。然而我们必须补充的是，这种恐惧在多数情况下并不是个体回归性幻想的结果，而是由下面这个事实引起：他的母亲在现实生活中是一个类似于食人狂或吸血鬼的人，或是具有恋尸癖倾向的人。这样一位母亲，倘若她的儿子或女儿在不断绝与母亲的这种纽带的情况下长大，那么他或她将无法摆脱被母亲吃掉或毁灭的强烈恐惧。这种恐惧可能会把个体逼至精神失常的边缘，在此情况下唯一能克服它的，就是个体切断与母亲的这种纽带的能力。然而诞生于这种关系之中的恐惧，同时也是导致个体斩断纽带如此困难的原因。由于个体仍然受困于对母亲的依赖之中，他自身的独立、自由和责任就会受到削弱。①

弗洛伊德在个体与母亲的性纽带之中看到了乱伦欲望的内核，但是前者对后者的非理性依赖和畏惧有别于二者之间的性纽带。至此，我已经试着对这种非理性依赖和畏惧的本质进行了粗略的介绍。但是，与我们此前讨论过的其他现象一样，这个问题还有另一个方面尚未论及，那就是乱伦情结之内的**回归程度(degree of regression)**。此处我们同样可以区分“母亲固着”的良性形式和乱伦固着的恶性形式：前者非常温和，乃至几乎不能被称为病态；后者我称之为“乱伦共生”。

在良性层次，我们会看到一种经常出现的母亲固着形式。这种人需要一个女人来安抚他、爱他、崇拜他；他想要母亲般的

① 我的观点在某些很重要的方面与荣格不谋而合，他是第一个把乱伦情结从狭隘的性理论框架中解放出来的人。我也有许多基本看法与荣格存在分歧，限于篇幅，此处不展开详细论述。

呵护、喂养和照顾。倘若他得不到这种类型的爱，他会容易感到轻微的焦虑和抑郁。这一母亲固着强度较轻时，它不会损害他的性能力或情感能力，或者他的独立性和完整性。我们甚至可以认为，大多数男性在成年之后仍然存有一点这种固着和欲望：在一个女人身上找到几分类似母亲的地方。然而，倘若这种纽带的强度过大，我们通常会发现某些本质上与性和情感有关的冲突和症状。

乱伦固着的第二个层次要严重得多，神经症程度也深得多。（此处对其显著层次展开讨论时，我将仅选择便于简要陈述的一种描述方式。现实情况并非存在三个显著的层次，而是一个连续体，乱伦固着的形式从最温和的良性渐次过渡到最严重的恶性。此处我描述的几个层次，仅仅是存在于这个连续体中的典型节点。在有关此论题更详尽的讨论中，每个层次都可以再细分为若干"次级层"。）处于这一层次的母亲固着的个体没能成功发展出自己的独立性。不太严重的固着形式会迫使个体时时刻刻需要一位母亲式的人物随侍在侧，等候着，任劳任怨；他可以无条件地依赖这个人。在其更严重的各种外在表现中，我们可能会发现，例如某个男人娶了位严厉的、像母亲一样的女人为妻；他感觉自己像个囚徒，但凡不是为这位"妻子-母亲"一体式的人物效劳，他都无权去做任何事；而且他常常畏惧她，唯恐她生气。他很可能会无意识地反抗，之后又心生愧疚，最后是更加顺从地屈服于她。这种反抗可能具体表现为性背叛、出现抑郁情绪、突发怒气、出现身心失调症状或整体上采取阻挠妨碍态度。这个人可能还会对自己的男子气概产生深刻怀疑、出现性功能障碍(如阳痿),或产生同性恋倾向。

与上述由焦虑和反抗主宰的固着层次有所不同的,是混合了性诱惑和男性自恋倾向的母亲固着层次。此类型个体通常在其早期阶段觉得母亲在他与他父亲之间选择了他自己,感觉自己得到了母亲的欣赏,而父亲得到的是蔑视。他生出一种强烈的自恋,令他觉得自己胜过父亲——更确切而言,是胜过任何其他男人。这种自恋使他觉得没必要做太多或做任何事来证明自己的伟大。他的伟大乃是建立在其与母亲的关系之上。结果就是,对这样的人来说,他全部的自我价值感都维系在他与无条件、无限度地欣赏他的女人形成的关系之上。他最大的恐惧,是他可能得不到他选中之人的欣赏,因为这种得不到会威胁到他自恋性质的自我评价的基础。他们畏惧女性,然而与上一种情况相比,这种畏惧没那么明显,因为此层次的固着乃是由他的自恋-性诱惑倾向所主宰,而这一倾向给人造成的印象是他是个极具男子气概的人。然而,这一层次的固着与任何其他类型的强烈母亲固着一样,倘若个体对任何其他人产生爱、兴趣和忠诚之感,那是一宗罪,唯有对母亲式的人物除外。他甚至不应该对任何人或任何事产生兴趣,包括工作,因为母亲需要独占性的忠诚。倘若他对某些事物感兴趣,就算这兴趣再怎么无害,通常他也会良心不安,或者他最后会变成“叛徒”

型的人，因为他不能对母亲不忠。

以下是母亲固着的典型梦境：

1. 有个男人梦见独自一人在海滩。一个年迈的女人朝他走来，并冲他微笑。她示意他可以吸食她的乳汁。

2. 有个男人梦见一个强有力的女人揪住他，把他举到一处深涧的上空后松手，他坠地而死。

3. 有个女人梦见她正与一男人会面，突然一个女巫出现，做梦之人吓得魂不附体。男人掏出一把枪，杀死了女巫。她（做梦之人）拔腿就跑，害怕被人撞见，并招手示意男人跟她一起逃跑。

这些梦几乎无需解释。第一个梦境的主要元素，是个体希望得到母亲的悉心照料。第二个梦境，是个体害怕被强大的母亲毁灭。第三个梦境中，女人梦见自己如果爱上一个男人，她母亲（女巫）就会毁掉她；只有她母亲死了，她才能解脱。

个体对父亲的固着又是怎样的呢？的确，这种固着在男性和女性身上都存在，这一点毋庸置疑。就女性对父亲的固着而言，它有时掺杂着性欲。个体对父亲的固着似乎从未发展到固着于“母亲—家庭—血亲—地球”的深度。在某些特殊情况下，父亲当然也可以成为母亲式的人物；但通常情况下，他的功能与母亲不同。是母亲在孩子诞生之后的第一年悉心照料他、给他被保护的感觉，这种感觉是一个有着母亲固着情结的个体永久欲望的组成部分。婴儿的生命取决于母亲——因此，她能赐予他生命，也能取走他的生命。这位母亲式的人物同时也是生命赐予者式的人物，还是生命毁灭者式的人物；是被爱着的人，也是令人畏惧的人。[①] 而在另一方面，父亲的功能与之不一样。他代表着人为制定的律法和秩序、各种社会规则和责任，而且他还是奖惩功过好坏的人。他的爱是有条件的，照他的要求去做便能得到。基于这一层理由，与父亲关系紧密的个体更易于希望通过遵照父亲的意愿行事而获得他的爱；但是那种毫无保留的无条件的爱、确定性和受到保护所具有的欣快感，几乎不存在于他的生命体验之中。[②] 我们也极少在以父亲为中心的个体身上看到深度回归，对此，接下来我们将结合母亲固着问题一并予以描述。

母亲固着的最深层次是“乱伦共生”。“共生”是什么意思呢？共生分多种程度，但都有一个共同点：以共生形式依附他人的个体，是其依附的“寄主”的重要组成部分。离开寄主，他就无法生存；而在共生关系受到威胁时，他会感到极度焦虑和

---

① 例如，在神话故事中，印度教的迦梨女神同时拥有灭绝化身和生命起源双重角色；在各种梦境中，母亲被象征化为老虎、狮子、女巫或吃孩子的巫婆。

② 此处我仅附带着略略提到以母亲为中心和以父亲为中心的文化和宗教之间具有何种结构差异。欧洲南部和拉丁美洲的天主教国家、北欧和北美的新教国家就是很好的对比例子。有关其间心理差异的讨论，可参阅马克斯·韦伯的《新教伦理与资本主义精神》和本人所著的《逃避自由》。

害怕。(近于精神分裂的患者在与寄主分离时,可能会引起突发精神分裂性崩溃。)我所说的"离开寄主他就无法生存",不是指他这个人必须时时刻刻与寄主形影不离;他或许极少见到寄主,甚至寄主可能已经亡故(在这种情况下,共生关系在某些文化中可能被制度化而以"祖先崇拜"的形式表现出来);这种纽带本质上是基于感情和幻想。对共生依附个体来说,要想在自己和寄主之间泾渭分明地弄清楚彼此,就算谈不上绝无可能,至少也是一件非常困难的事。他觉得自己与寄主是你中有我、我中有你,自己是后者的一部分,与其融为一体。共生程度越深,二者分离状态被明确识别的可能性就越低。在个体共生程度更严重的情况下谈什么依附寄主的个体具有"依赖性",这其实是具有误导性的做法。二者之间分离性的缺乏,正好可以对此作出解释。"依赖性"本身就是以二者之间存在明确的区分为先决条件,在这其中甲依赖乙。在共生关系中,共生依附个体可能时而自觉优越,时而自视轻贱,时而又觉得自己与寄主不分高低贵贱——但无论怎样,二者总是密不可分的。实际上,这种合二为一的共生关系最典型的例子,莫过于母亲与其腹中胎儿的一体关系。胎儿和母亲彼此有别,却又合体未分。[1] 双方共生依附着彼此、互为寄主的情况也会发生,而且

---

① 详参塞什海耶所著的《象征的实现》,这是一部描述某个深受共生固着困扰患者的杰作[M. A. Séchehaye, *Symbiotic Realization* (International Universities Press, 1955)]。

并不少见。在这种情形中,我们看到的是感应性精神病,它会使两方都意识不到自己精神错乱,因为二者共享的体系构成了他们所处的现实。在极其严重的共生回归形式中,个体具有的无意识欲望,实际上是回到子宫的欲望。通常这种愿望会以象征性的形式表现出来:希望(或害怕)自己溺毙于汪洋大海,或者害怕自己被大地吞没;这是一种彻底失去自身个体性的欲望,一种再次与大自然融为一体的欲望。由此看来,这种深度回归欲望是有悖于生存愿望的。身归子宫之中,其实就是灭除生命。

言及于此,我想说的是,个体对母亲的依附关系,不论是希望得到她的爱,还是畏惧她的毁灭性,都要比弗洛伊德基于性欲的"俄狄浦斯情结"强烈得多,也更具根本性。然而还有一个问题在于,我们有意识的感知与无意识的现实之间存在不一致。倘若一个男人记得或想象自己对母亲有性欲,他会发现它很难抗拒。然而因为性欲的本质他是清楚的,所以在他的意识中,不想清醒认识到的只有他欲望的**对象**。这与我们此处讨论的共生固着问题有很大的不同:想要像婴儿那样被爱的愿望、失去自己全部的独立性、再次成为一个嗷嗷待哺的婴儿甚至回到母亲的子宫里去,所有这些都属于欲望,是绝非"爱""依赖性"甚至"性固着"所能概括的欲望。这些词在其背后的体验具有的威力面前,是苍白无力的。"对母亲的畏惧"同样如此。我们都知道畏惧一个人是什么意思。他可能会责备我们、羞辱我们、惩罚我们。这些我们都经历过,并且或多或少带着点勇气直接面对。但是,倘若我们会被关进一只装着狮子的笼子,或者被丢进一个爬满毒蛇的坑,我们又怎么会知道自己将做何感想?看着自己被逼入绝境却束手无策,这种令人备感绝望的恐惧我们说得出来吗?对母亲的“畏惧”恰恰就是由这种体验构成。要触及无意识的体验,此处我们使用的这些语词使这件事变得很困难;因而人们常常提到他们的依赖或畏惧,但其实并不了解自己说的是什么。能胜任对真实的体验做出描述的语言,是梦的语言或者神话和宗教中的各种象征。倘若我梦见自己要溺毙在汪洋大海之中(同时心里涌起一种混合着恐惧和幸福的感觉),或者我梦见自己正拼命逃离一头将要吞吃我的狮子,那么的确,我用来做梦的语言贴切地表达了我真正体验到的感觉。我们日常语言所表达的,当然也是我们允许自己能够意识到的各种体验。倘若我们想要深入触及自己的内心现实,我们必须试着忘记惯常使用的语言,转而使用被忘却的象征性语言。

乱伦固着的病态程度显然取决于个体的回归程度。在最温和的情况下,或许个体会出现对女性的过度依赖和畏惧,但程度轻微,几乎不存在任何病态之说。回归程度越深,个体的依赖性和畏惧心就会越强。回归程度最严重的时候,依赖性和畏惧心都会到达个体无法神志正常地生活的地步。乱伦倾向和自恋一样,与理性和客观性相冲突。倘若我没能切断纽带,倘若我继续崇拜确定性和保护性的化身偶像，那么这一尊偶像会变作圣像。它不能被批评。倘若“母亲”不可能出错，若有人与“母亲”出现冲突或者没有得到她的首肯，那我又如何能对他作出客观判断呢？在个体的固着对象不是母亲而是家庭、民族或种族的时候，对判断力的这种损害就远没有那么明显。因为这些固着被认为是美德，所以强烈的民族固着或宗教固着很容易导致被认为是真理的偏颇或歪曲判断，因为这是具有同一种固着的所有的人共享的判断。

继理性被歪曲之后，乱伦固着第二个最重要的病态特征，是不能将他人视为完全的人。只有那些与之有血缘关系或同生在一片土地之上的人，才会被他认为是人；而“寄居者”就是野蛮人。结果就是，我对我自己来说仍然是个“寄居者”，因为以血缘关系结合起来的群体成员共有的人性是残缺不全的，而我无法在这一残缺的范围之外体验到人性。乱伦固着会损害或摧毁爱的能力，其力度因回归程度不同而不同。

乱伦固着的第三个病理性症状是个体与独立性和完整性的冲突。与母亲和部落紧紧捆绑的个体没有做自己的自由，也没有独立思考和选择忠实于什么的自由。他无法对世界敞开自我，也无法接纳它；他自始至终都是困在像母亲一样的种族-民族-宗教固着中的囚徒。人只有将其自身从乱伦固着的一切形式中解放出来，才能完完整整成其为人；他享有多大的自由能向前发展并成为他自己，乃是因这种解放的程度不同而不同。

乱伦固着通常并不以其真实面目示人，换句话说，它会被合理化，显得合情合理。有些与母亲联结非常紧密的个体，其乱伦情结被合理化的方式可能多种多样："我为她效劳，这是我应尽的本分"；或者"她为我做了这么多，她给了我生命"；或者"她已经吃了那么多苦"；又或者"她简直太了不起了"。倘若固着对象不是母亲，而是民族或国家，合理化也与之类似。合理化的核心是这样一个概念：民族或国家给了我一切，或者民族或国家简直太厉害、太了不起了。

综上所述：个体与母亲式的人物及其对等物——血缘、家庭、部落——仍然保持紧密联结的这种倾向，人人与生俱来，不论男女。常常发生冲突的，是与之对立的倾向——诞生、进取、成长。在个体正常发展的情况下，成长倾向是胜利者。而在病态程度非常严重的情况下，共生联结的回归倾向是胜利的一方，它会或多或少引发个体全方位的能力丧失。弗洛伊德在任何儿童身上都能看到的乱伦欲望概念是完全正确的。但是这个概念的重要意义却超出了弗洛伊德自己的设想。乱伦欲望主要并不是性欲的结果，它是人最基本的倾向之一：他来自何处，他便想要一直维系原有的纽带；对自由的畏惧；对自己被人毁灭的恐惧；而正是为了这个人，他使自己陷入无法自立和放弃一切独立的境地。

至此，我们可以对本书所讨论的三种倾向彼此之间具有何种关系展开分析了。在其不那么严重时,恋尸癖、自恋和乱伦固着是截然不同的,个体可能只有其中一种倾向,这是经常发生的现象。同样地,在这三种倾向的非恶性形式中,它们都不会严重损害个体的理性能力和爱的能力或造成强大的破坏能力。(此类型个体,我想以富兰克林·德拉诺·罗斯福为例稍作说明。他是个母亲固着程度中等、自恋程度中等、恋尸癖程度严重的人。对比之下,希特勒几乎是个彻彻底底的恋尸癖、自恋狂和乱伦固着极其严重的人。)但是这三种倾向恶性程度越高,越容易汇聚一处。首先,乱伦固着和自恋之间关系非常紧密。个体尚未完全脱离母亲子宫或母亲乳房时,他并不享有与人交往或爱人的自由。他与他的母亲(作为一个整体)是其自恋的对象。这一点,我们可以在个体自恋转为群体性自恋时看得最清楚。我们也会在其中非常清楚地发现,乱伦固着与自恋交相混合。正是这种特殊的混合,能对一切民族性、种族性、宗教性和政治性狂热具有的力量和非理性作出解释。

个体因乱伦共生和自恋而起的回归,在其程度最严重时,恋尸癖也会一并出现。渴望回到子宫和过去,同样也就是渴望死亡和毁灭。倘若恋尸癖、自恋和乱伦共生这三种倾向的极端形式混合而生,我们可以说该个体具有我所说的“衰退综合征”。罹患此综合征的个体无疑是恶的,因为他有违生命和成长,他是死亡和残缺的忠实信徒。“衰退综合征”有据可查的最典型的例子是希特勒。正如我前文所言，他深受死亡和毁灭的吸引；他是个极度自恋的人，对他来说，他自己的意愿和想法是唯一存在的现实；他还是个极度乱伦的人，不论他与母亲曾经关系如何，他的乱伦性主要表现在他对其所属种族、对与之有共同血缘关系的人的狂热忠诚。他深陷于想要通过阻止其血统被污染这种方式拯救德国人的想法而无法自拔。如其在《我的奋斗》中所言：首先，要拯救德国人免于梅毒之患；其次，免于被犹太人污染。自恋、死亡和乱伦是一种致命组合，它把希特勒那样的人变成了人类及生命的死敌。这种三合一，在理查德·休斯《阁楼上的狐狸》一书中有着最精妙的描述：

> 毕竟，希特勒那个一元论的"我"怎么可能平白无故单单屈服于男女之事呢？这本质上就是接受"另一个人"嘛。他坚信自己是这世界上独一无二的感知中心，宇宙意志的唯一真正化身。这不会造成什么损害，因为这种信念正是他拥有超凡内心之"力"的根本原因：**希特勒独自存在**。"唯吾存在，别无他人。"这宇宙中，除他之外，并无任何其他人，都只是物；因此对他来说，一切"人称"代词都彻底丧失其在常态下具有的情感内涵。这让希特勒肆意妄为、无所顾忌：建筑师摇身变成政治家，这再自然不过了，因为在他即将要处理的新事物中，他并没有看到任何实质性区别：这些"人"不过是他眼中的"仿物"，与其他工具和石块同属

一个范畴。所有的工具都有把手——这一种装的是耳朵。对着石头说爱或恨或寄予同情（或授以真理）是荒谬的。

于是希特勒得了那种罕见的人格病，一种几乎没有半影的自我：罕见但有病，这就是说，一个其他方面很成熟、从临床诊断来看属于头脑正常的人，这种自我在他身上反常地存活了下来（因为在新生儿身上，这种自我毫无疑问是相当正常的人生开端，甚至发展到幼儿时期也不足为奇）。希特勒成年的"我"即是如此反常——他从小长到大，但结构始终未变，就像恶性肿瘤的生长。

……

这备受折磨、精神错乱的东西在床上辗转反侧……

"《黎恩济》之夜"，那场歌剧之后登上费因堡俯瞰林茨[①]的那个夜晚，无疑是他少年时期最重要的一晚，正是这个时候他第一次坚定地相信自己内心拥有孤独的全能之力。在茫茫夜色中被驱策着一路登高，尘世间一切藩国国王难道不是刹那在他眼前一览无余？面对古老的福音之问[②]，他整个人不就等于一个"是"字？他难道不是在

① 林茨：奥地利北部城市。据称，少年时期的希特勒曾在林茨欣赏瓦格纳创作的歌剧《黎恩济》。——译者

② 福音之问：福音书（gospel）是以记述耶稣生平与复活事迹为主的文件、书信与书籍。在基督教传统中，狭义上专指四福音书：《马太福音》《马可福音》《路加福音》《约翰福音》。此处暗指希特勒自视为像耶稣那样的救世主。——译者

那十一月的星辰见证下、在高山之上签下了永恒契约？然而如今……如今，当他似乎像罗马护民官黎恩济一样乘风破浪、驾驭着来势汹汹、本该送他上柏林的浪潮时，那波峰已经开始卷曲：它已经卷曲、碎裂、倾覆，把他狠狠摔下，摔到碧绿的、咆哮如雷、深不可测的水里。

他绝望地在床上翻来覆去，大口喘气——他溺水了（希特勒最恐惧的莫过于此）。**溺水**？然后……很久以前的少年时期在林茨多瑙河桥上踟蹰徘徊想自寻短见的那个时刻……毕竟那个郁郁寡欢的少年早已告别很久以前的那一天，从那以后，一切都是梦。然后，如今这个噪音就是强有力的多瑙河之歌在他做着梦溺水的耳朵里久久回响。

在环绕着他的绿莹莹的水光中，有一张死人的脸上下颠倒着在他面前漂浮：一张有着他自己那双微微鼓凸着睁开的双眼的脸，那是他死去的母亲的脸，正如他最后一次看见她躺在白色枕头上死不瞑目那样。死去的、惨白的、空洞的脸，空洞得连给他的爱都没有。

可是如今那张脸却变出很多来，在水中围着他。这么说来，母亲就是这片水了，这些水要溺毙了他！

想到这里，他不再挣扎。他把膝盖蜷到下巴，保持身在母体中最初的姿势一动不动，任由自己在水中沉溺。

就这样，希特勒终于昏昏睡去。[1]

在这短短几段中，“衰退综合征”的所有要素如数呈现，只有伟大的作家才能使其如此一目了然。我们看到了希特勒的自恋、他对溺毙的渴望——水作为他的母亲——还有他对死亡的喜爱，以其亡母的脸象征性地表现出来。而他双膝蜷缩至下巴的原始本能体态，则象征着他向子宫的回归。

希特勒只是“衰退综合征”的一个突出典型。很多人以暴力、仇恨、种族主义和自恋性质的国家/民族主义为乐，也有不少人深受其苦。他们是暴力、战争和毁灭行为或其“真正的信徒们”的领袖。这些人当中，只有最失衡、病态程度最深的人，才会明确说出自己的真实目的，甚至能明确意识到这些目的。他们易于把自己的这种倾向合理化为对祖国的热爱、责任、荣誉等等。但在正常的法制伦理土崩瓦解之时，正如世界大战或内战爆发时，这种人便不再需要压抑其最深的欲望；他们会为仇恨大唱赞歌；在能为死亡效劳的时候，他们会变得精神抖擞，所有的能量都会释放出来。的确，战争以及一种暴力横行的氛围，是患有“衰退综合征”的个体完全成为他自己的时候。最有可能出现的情况是，只有一小部分人会因为这种综合征被激发出积极性。然而，不管是前者还是不太受激发的个体，他们都

① 理查德·休斯《阁楼上的狐狸》[Richard Hughes, *The Fox in the Attic* (New York: Harper & Row, 1961) pp. 266 - 268]。

意识不到自己真实的动机是什么;正是这个事实才使他们在暴动战乱之际变成携带、传播仇恨病毒的传染病患者。因此,重要的是,我们要识别其真面目:他们是热爱死亡的人,他们畏惧独立;对他们来说,只有自己所在群体的需要才具有真实性。我们没必要把他们像麻风病人一样隔离;正常人若是了解他们的残缺和他们道貌岸然的种种合理化举动背后欲望的恶性性质,以便使自己对他们的病态影响可能获得某种程度的免疫,这就足够了。当然了,为了做到这一点,我们有必要明白的是:不能把空谈当现实,而要能看穿那些具有欺骗性的种种合理化行为。采取此类行为的人身患只有人类才会得的一种疾病:在生命自行消亡之前否定生命。①

对恋尸癖、自恋和乱伦固着所做的分析,启发我们对与之相关的弗洛伊德理论展开讨论。鉴于本书主题所限,此番讨论必然只是简明扼要之言。

弗洛伊德的理论是以力比多驱动力的发展为基础,从自恋型到口唇-接受型、口唇-攻击型、肛门-施虐型,到生殖器型和生殖型性格倾向。在弗洛伊德看来,最严重的精神疾病的病因,乃是个体对力比多发展最早期阶段的固着(或回归)。其结

---

① 在此,我提议进行一项实证性研究项目,通过“投射性问卷”,我们或许可以看到具有恋尸癖、极度自恋和乱伦共生倾向个体的真实情况;此类型问卷可以投放于美国各社会阶层的代表性人口样本。这种做法不仅有可能使我们了解“衰退综合征”的具体情况,也能发现它与其他因素的关系,如社会经济地位、教育、宗教信仰和祖籍地。

果就是，举例来说，个体回归至口唇-接受型与回归至肛门-施虐型相比，前者被认为是病态程度更深的精神异常。然而，从我本人的经验看来，这一总体原则并非来自可直接观察得到的临床事实。与肛门倾向相比，口唇-接受倾向与生命的关系本来就更为密切；因此一般说来，比起口唇-接受倾向，肛门倾向可以说易于导致更加严重的精神疾病。除此之外，比起口唇-接受倾向，口唇-攻击倾向似乎会更容易导致严重的精神疾病，因为其中涉及施虐和毁灭性因素。如此一来，我们会得到几乎与弗洛伊德理论主张完全相反的结论：病态程度最轻的，会与口唇-接受倾向有关；更严重些的，则与口唇-攻击倾向和肛门-施虐倾向有关。弗洛伊德认为，从遗传学角度讲，个体的发展顺序是从口唇-接受倾向到口唇-攻击倾向再到肛门-施虐倾向。假设这一观点是正确的，那么关于弗洛伊德所认为的“个体对更早期阶段的固着意味着更严重的精神疾病”这一看法，我们就不得不表示异议了。

然而无论如何，我认为这个问题是无法通过发展期假设得到解决的。该假设认为，个体更早期阶段的倾向是各种更严重的病态表现的根源。在我看来，每一种倾向本身都存在多个层面的回归，从正常的到最严重的病态层都囊括在内。例如，口唇-接受倾向与总体上成熟的性格结构结合时，即该个体具有很高的生产力时，回归是轻微的。而另一方面，它也可能与高度自恋和乱伦共生结合，在这种情况下，口唇-接受倾向将会导致个体产生极度依赖性和恶性精神异常。在几乎算得上正常的肛门型性格和恋尸癖性格之间，同样也是这种情形。因此我认为，对个体病态程度的诊断不应该根据我们对力比多发展的多个层级所做的区分，而应该根据个体的回归程度，这一程度可以在每种倾向（口唇-接受倾向、口唇-攻击倾向等）内部得到确定。此外，还必须记住的是，我们探讨的问题不仅包括弗洛伊德视为根植于各自性感带的个体倾向（同化模式），还涉及个体关联性的多种形式（如爱、毁灭性，施虐-受虐关系），后者与各种各样的同化模式也存在一定的密切关系。[①] 例如，口唇-接受倾向与乱伦倾向存在密切关系，肛门倾向与毁灭倾向存在密切关系。我在本书中探讨的，是关联性范围内的各种倾向（自恋、恋尸癖、乱伦倾向——“社会化模式”），而不是同化模式；但这两种倾向模式之间具有相关性。有关恋尸癖与肛门型性格的密切关系，本书已经作出了较为详尽的论述。亲生命性与“生殖型性格”之间、乱伦固着与口唇型性格之间，同样具有这种相关性。

我已经试图表明，此处描述的这三种倾向，每一种都有可能出现在不同的回归层次上。每种倾向的回归程度越深，三者越容易汇聚一处。在极度回归状态下，它们汇聚形成我所说的“衰退综合征”。另一方面，在性格发展到最佳成熟程度的个体

---

① 弗洛姆《自我的追寻》第 62 页（E. Fromm，*Man for Himself*，pp.62 ff）。

身上，这三种倾向同样容易汇聚。恋尸癖的对立面是亲生命性；自恋的对立面是爱；乱伦共生的对立面是独立性和自由。后三种倾向的综合，我称之为“成长综合征”。此概念图解形式如下所示：

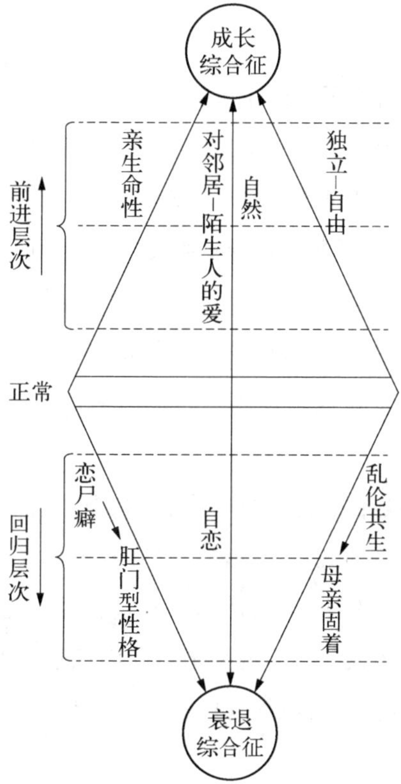

第六章　自由、决定论与选择论

上文已经讨论了毁灭性和暴力在实践经验中的一些问题，接下来我们不妨续上第一章留下的线索，回到下面这个问题：人是善还是恶？他是自由的还是为环境所左右？又或许，这些选项都是错的，人既非这般也非那般——或者他既是这般也是那般？

要回答这些问题，最好的办法是从讨论另一个问题入手。我们了解人的本质或本性吗？如果答案是肯定的，它该如何界定？

关于我们是否了解人的本质这个问题，我们可以找到现成的两种自相矛盾的观点。一说不存在人的**本质**。人类学的相对主义派持这种看法，他们认为人只是各种文化模式的产物，文化模式塑造了人。另一说是本书对毁灭性的经验性探讨所基于的观点，这是弗洛伊德及其他众多学者所持的看法：人的本性是存在的；事实上，一切动态心理都是基于这个前提。

为人的本性找到一个令人满意的定义之所以有难度，是因为我们面临一个两难困境：倘若我们假定，存在着某种构成人的本质的物质，那么我们就被迫陷于一种非进化、非历史的境地，这意味着自其诞生伊始，人不曾发生任何基本变化。这种观点很难与下面这一事实吻合：在我们最不开化的祖先与人类历史上四千至六千年前出现的文明人之间，我们会发现巨大的差异。[①] 另一方面，倘若我们接受一种进化的概念，并因此而认为人是不断发生变化的，那么还剩下什么实质性内容来构成我们所说的人的“本性”或“本质”呢？这一进退两难的困境，同样无法通过下列对人的“定义”得到圆满解决：“人是一种政治动物”（亚里士多德）、“人是能许诺的动物”（尼采）或者“人是运用远见和想象力从事生产的动物”（马克思）。这些定义说的都是人具有的基本品质或才能，而并没有涉及人的**本质**。

我认为，不以某种给定的特性或物质，而以人与生俱来的矛盾来界定人的本质，我们便可以跳出这一困境。[②] 这一矛盾主要体现在两个方面的事实：（1）人是一种动物，但与一切其

---

① 马克思尤其为这一难题所困扰。他提过“人的本质”这一说法，虽然在《1844年经济学哲学手稿》之后弃而不用，而提到“不残缺的”人等表述，这其实预设了有可能变得残缺的人之本性这一概念。（在《资本论》第三卷中，他谈到人在“最合乎人性和与之最相称的条件下”进行的劳动是非异化的劳动时，用的还是“人性”这个概念。）另一方面，马克思强调人在历史进程中创造了他自己，有时甚至强调人的本质是其身在其中的一切社会关系的总和，除此之外别无其他。显而易见的是，马克思不想放弃人的本性这个概念，但他又不想退而求其次地使用一种非历史、非进化的概念。事实上，马克思不曾彻底解决这个难题，因此也没有得出人的本性的定义，所以他在这个问题上的论述仍然多少有些模糊和矛盾。

② 我在《健全的社会》一书中以数页篇幅阐述了这一观点。此处我不得不以精要的方式略作重述，否则本章的主要内容会缺乏基础。

他动物相比,人在本能方面的装备是不完善的,且他的本能不足以保证他的生存,他唯有创造条件来满足自己的物质需要并发展语言及工具。(2) 人和其他动物一样有智商,这使他得以利用思维过程实现各种直接和实际的目标;但是人还具有其他动物欠缺的另一种心智特性: 他能认识他自己、认识他的过去和未来,而未来的尽头是死亡;他能认识他的渺小和无力;他能把他人视为他人——友人、敌人或陌生人。人是超越一切其他生命的万物之灵,是因为他是第一种**能认识自己的生物**。人**身在自然之中**,受制于它的种种指令和偶然,然而他又**超越**了自然,因为对构成自然的动物性那部分内容——人自身也有动物性,他并非一无所知。一方面沦为大自然的囚徒,另一方面其思想又能自由驰骋,人所面临的就是这种可怕的矛盾境地;他是自然的一部分,却又是自然中的异类;他不管身在何处,都是格格不入的存在。人类的自我认识使他变成了这大千世界之中的陌生人,独来独往、形单影只且内心惶恐不安。

我所描述的这种冲突,本质上与传统观念是一样的,即人兼具身体和灵魂,同为天使和野兽,他属于彼此矛盾的两个世界。然而现在我要指出的是,仅仅认识到这种矛盾是人的本质——换言之,这种矛盾使人成其为人——是不够的。我们有必要在描述的基础上更进一步,并认识到: 存在于人身上的这种矛盾需要得到妥善解决。从这一矛盾的表述中,我们会直接想到几个问题: 为了解决人类与生俱来的这种恐惧,人能做什么呢？一边是把自己从孤独的折磨中解放出来，一边是让自己在这个世界上自在无拘、心有和谐统一感，为了在这二者之间找到平衡，人又能做什么呢？

对于这些问题，我们必须提供的答案并不是某种理论（虽然有关生命的各种观点和理论对此有所反映），而是关乎人的整个存在、他的情感和他的所作所为。答案或许有好有坏，但即便是最坏的答案，也聊胜于无。所有的答案都必须满足同一个条件，那就是必须帮助人克服他的分离感，并使他获得联结感、一体感和归属感。对人生而为人的这一事实给他设下的这个问题，我们能给出很多答案，我将在下文予以简要论述。此处我要再次强调的是，就这些答案本身而言，任何一个都不构成人的本质。构成人的本质的，是这些答案对应的问题以及寻找答案的需要；人类存在的多种形式不是人的本质，而是对冲突做出的不同回答，冲突本身才是本质。

对超越分离性和获得联结统一的追问给出的第一个答案，我称其为**回归之解**。人要想找到联结统一，要想从孤独和不确定性的恐惧中解脱出来，他可以试试回到自己当初的来源之地——大自然、动物性的生活或者他的祖先。他可以试试摒弃那些使他成为人同时又让他深受折磨的东西：他的理性和自我认识。似乎成百上千年来，人就是这么做的。原始宗教的历史见证了这种努力和尝试，人类个体出现的严重精神机能障碍同样如此。在原始宗教和个体精神机能障碍等这样或那样的形式中，我们会发现同一种严重精神异常：回归到动物式生存、到前个体化状态，这是一种摒弃人类特有特征的企图。不过，这种说法必须在某种意义上才成立。倘若回归性倾向同时出现在很多人身上，那就是**上百万之众的感应性精神病**（folie à mllions）；他们之间取得的一致会使愚蠢的言行看上去显得英明睿智，使谎言假象看上去像是确有其事。参与这种公共性愚蠢言行的个体缺乏完全孤立感和分离感，因此他避开了个体在一个进步的社会中会体验到的强烈的焦虑。我们必须记住的是，在大多数人眼里，理性和现实只是公众共识。当没人跟你的想法存在分歧，这时候的你绝不会"迷失心智"。

解决人类的存在问题、卸下人之为人的负累的办法，除了回归之解，另一个选择是前进之解：不是通过回归，而是充分发展一切专属于人的力量以及个体内在的人性，以此找到新的内心和谐。前进之解第一次被设想出来，乃是以一种很极端的形式（有很多宗教是介于原始回归和人文主义宗教之间的过渡），时间大概在公元前 1500 年至公元前 500 年那段非同寻常的人类历史时期。它出现在约公元前 1350 年古埃及法老阿肯那顿的教义中，也出现在同时期希伯来人的摩西教义中；大约在公元前 600 年至公元前 500 年，中国的老子、印度的释迦牟尼、波斯的查拉图斯特拉[①]、古希腊的哲学家们和以色列的先

---

① 一译琐罗亚斯德（前 628—前 551），伊朗先知，意为像老骆驼那样的男子或驾驭骆驼的人，是琐罗亚斯德教（又称拜火教）的创始人。——译者

知们都提出了同样的思想。人类的新目标，成为一个完完全全的人并因此重获失去的和谐这一新目标，通过各种不同的概念和象征表达出来。对阿肯那顿来说，象征着这个目标的是太阳；对摩西来说，是耶和华；老子称之为“道”；释迦牟尼以涅槃来象征它；古希腊的哲学家们喻之为“不动的原动者”；波斯人喻之为“查拉图斯特拉”；先知们喻之为救世主的“世界末日”。这些概念在很大程度上取决于思维模式，而归根结底取决于生活实践和这些文化各自的社会经济政治结构。虽然这一新目标的具体表达方式是由形形色色的历史环境所决定，但就目标本身而言，本质上是同一个：通过对生命所设的问题提供一个正确答案，来解决人类生存问题，解决人成为一个完完全全的人并因此消除分离恐惧的问题。当基督教和伊斯兰教分别在五百年和一千年之后把同样的思想传到欧洲和地中海国家，世人已有大半接收到了这则新讯息。然而，人听说了这则讯息后，随即就开始歪曲它；他不是力图让自己变成一个完整的人，反而把上帝和教义当成这个“新目标”的外在表现而顶礼膜拜，由此以一个人物角色或言辞来代替个体自身体验的现实。但是与此同时，人也在一遍遍努力回到这个真正的目标上来，这些努力表现在宗教、异教宗派以及新的哲学思想和政治哲学之中。

所有这些新宗教和运动的思想观念彼此各不相同，但在人的基本选择问题上看法一致。人只有两种选择：回归或前进。

他可以选择一种返古式的病态解决方案，也可以奋勇向前，发展他的人性。对这种二选一的表达，我们在很多方面可以看到，如光明与黑暗（波斯），祝福与诅咒、生命与死亡（《旧约全书》），或者社会主义理论体系中的社会主义与野蛮主义。

这种非此即彼的情况不仅出现在各种人文主义宗教中，也表现为心理健康和精神病之间存在的基本差异。人们判断一个人是否健康，取决于特定文化的一般性参照框架。在条顿狂暴武士看来，一个“健康的”人，是一个能像野兽一样行事的人；而这样的人，放在今天会是个精神病患者。心理体验的一切返古形式——恋尸癖、极度自恋、乱伦共生——无论其程度轻重，都是各种回归返古文化中的“正常”甚至“理想”类型，因为人们由其共同的返古欲望联结在一起；但在今天看来，这些类型都被认为是严重的精神疾病。在程度较轻且遇到阻力时，这些返古的力量会被压抑，而压抑的结果便是“神经症”。返古倾向分别在回归性文化和前进性文化中的区别在于，具有返古倾向的个体在崇尚返古的文化中并不会产生孤立感；恰恰相反，他会因为全体达成的这种共识而得到支撑。而如果该个体置身于一种前进性的文化之中，他会得到截然相反的结局；他会“迷失心智”，因为他的心智与所有其他人都是对立相反的。事实上，即便身在像今天这样的前进性文化中，很多人仍具有相当强度的回归倾向，只不过在正常的生活过程中这些倾向被压抑住了，而只在特殊情况下——比如战争中——才会显现出来。

关于我们提出的问题，这些思考有何启示，我们来稍作总结。首先，有关人的本性问题，我们得出的结论是，人的本性或本质不是某种以善恶而论的具体物质，而是根植于人类存在状况之中的矛盾。这种矛盾本身需要得到解决，而我们基本上只有回归性或前进性两种方案。人有时候表现出奋发进取的内在驱动，这不过是他想要寻求新的解决办法的动力。人发展到任何一个层次，新的矛盾冲突都会出现，迫使他继续寻找新的解决方案。这个过程会一直进行下去，直到他实现成为完完全全的人并与世界彻底联结的终极目标。达成彻底“觉醒”这一终极目标之后，贪婪和矛盾都会消失（如佛教所言）；人是能成功实现，还是只能在死后达成所愿（如基督教教义所言），这不是我们此处关心的问题。重要的是，在所有的人文主义宗教和哲学思想中，这个“新目标”是一样的；而且人生在世，心里揣着的是这样的信念：人是可以不断接近这一目标的。（另一方面，倘若个体追求的是回归之解，那么他必然会寻求等同于精神失常的彻底非人化，从而丧失人性。）

倘若人的本质既非善亦非恶，既非爱亦非恨，而是一种需要寻找新的解决办法而新解决之道又会制造新矛盾的矛盾；那么，人的确可以突围解困，要么以回归的方式，要么以前进的方式。人类近期的历史为我们提供了很多这种例子。几百万德国人，尤其是那些失去钱财和社会地位的中产阶级下层民众，在希特勒的带领下复燃其条顿祖先“狂性大发”的狂热。同样的情形也见于对南京“烧杀抢奸”的日本人、美国南部滥用私刑的暴徒。对大多数人来说，心理体验的返古形式永远是真实存在的可能，它会有浮出水面的一天。但是，我们有必要区分它现身的两种形式。其一是各种返古冲动仍然强烈，但受到压抑，因为它们与特定文明的文化模式存在冲突；在这种情形中，特定环境，如战争、自然灾害或社会解体，会轻而易举大开方便之门，被压抑的返古冲动借此奔涌而出。另一种可能是，个体或群体成员的发展真正进入了前进阶段，并且已经稳固；在这种情形中，诸如上述不幸事件不会轻易导致个体重拾返古冲动，因为这些冲动与其说是被压抑了，还不如说是被取代了。但即便是这种情形，返古的潜在可能性也并未彻底消失。遇到极端情况时，如被长时间囚禁于集中营，或身体内部发生某种化学作用，个体的整个心理系统可能会崩溃，各种返古冲动可能会带着新积蓄的力量卷土重来。一边是返古的、被压抑的各种冲动，一边是完全取而代之的前进性导向，在这两个极端之间当然存在着无数有细微差别的各个层面；这其中的比例因人而异，压抑程度和个体对自己返古倾向的认识程度也各有不同。有些人的返古冲动已经被彻底清除，这不是压抑的结果，而是个体发展出了前进性倾向，他们甚至可能无法回归到返古那一面。同样地，有些人已经彻底摧毁了前进性倾向发展的一切可能，乃至失去了选择自由——在这种情况下，即失去了前进的选择。

不言自明的是，特定社会的整体性风气会在很大程度上影响每一个个体在这两个方向的发展。即便如此，个体与倾向的社会模式之间也会出现巨大差异。如我上文所言，现代社会有几百万具有返古倾向的个体，他们清醒地信仰基督教教义或启蒙思想，但在这副表面之下，他们是“狂暴武士”、恋尸癖、太阳神巴力或阿施塔特女神的崇拜者。他们甚至不一定会体验到任何冲突，因为他们心中抱持的进步性观念没有任何分量。他们仅以隐蔽或遮掩的方式，听凭自己的返古冲动行事。另一方面，在崇尚返古的文化中，个体也发展出一种前进性倾向，这种现象不在少数。他们成为众人的领袖，在某种情况下为其所在群体的大多数成员带去光明，也为整个社会逐渐发生转变奠定基础。当这些个体拥有的名望非常人所及，且他们的教诲尚余韵未消时，他们便会被冠以先知、大师等诸如此类的美名。没有他们，人类永远都无法走出远古未开化状态的黑暗。不过，他们之所以能够影响其他人，只是因为在劳动的进化演变中，人逐渐把自己从自然的未知力量中解放了出来，发展出理性和客观性，不再像猛兽或牲口一样活着。

适用于群体的情况，对个体来说同样奏效。每个人内心都存在我们方才讨论过的返古倾向。只有不折不扣的“恶人”或完完全全的“善人”，才不再拥有别的选择。几乎每个人都能回归到返古倾向，也能实现完全的、前进性的人格发展。前一种情况，我们会认为是严重的精神病发作；后一种情况，我们会认为是一种自发的病愈，或者个体向完全觉醒和成熟转变。究竟在什么条件下导致哪一种情况得以发展，这正是精神病学、精神分析学以及各类精神学科所应承担的研究任务，这些学科还应设想出各项措施来进一步推进良性发展和阻止恶性发展。[①]对这些措施的描述超出了本书论述范围，读者朋友们可以在精神分析和精神病学的临床文献中找到。但是认识到下面这一点，对我们眼下讨论的问题来说很重要，那就是：除了一些极端情况，每一位个体以及由个体组成的每一个群体，都可以在某个特定的节点回归到最不理性和最具毁灭性的各种倾向，也可以朝着开智明理的前进性倾向发展。人既非良善亦非邪恶。倘若我们相信人的善，认为那是唯一的潜在可能性，那么我们就会被迫进入一种歪曲事实的过分乐观境地，或者最终以痛苦的幻灭收场。倘若我们转而相信另一个极端，我们就会变成一个愤世嫉俗的人，看不到别人和自己身上众多向善行善的可能性。实事求是地去看，就会把两种可能都视为真实存在的潜在可能性，并进而研究是什么条件导致两者的发展。

这些考量把我们引向人的**自由**问题。人在任何给定的时刻都拥有选择善良的自由吗？抑或由于他被内在和外在的各种力量所左右，因而并不具备这种选择的自由？关于意志自由

---

① 尤参铃木大拙在其多部著述中宣扬的禅宗思想和修行方式；可特别参阅铃木大拙与弗洛姆等合著的《禅宗与精神分析》[D. T. Suzuki, E. Fromm, and R. De Martino, *Zen Buddhism and Psychoanalysis* (New York: Harper & Row, 1960)]。

问题，世人著书立说，时至今日成果颇丰；作为接下来我要论述的内容的引子，没有哪家之言比威廉·詹姆斯在这个话题上所表达的观点更贴切的了。他写道："有一种常见的看法现在颇为盛行，那就是有关自由意志之争可探讨的余地早已穷竭殆尽，除了把人人皆知的那些观点重新翻炒加热，再无其他新计可施。这着实大错特错。我不知道还有什么别的话题，在穷尽程度上比它有所不及，或者有意于此的能人志士能拥有比它更好的开疆拓土机会了——这不是指什么牵强附会或强求他人认可之类的做法，而是对双方真正争论之题、对命运和自由意志真正所指为何的问题，深化我们的理解。"[①]我将在下文就这一问题提出几项建议，此尝试乃是基于这样的事实：精神分析经验或许能为自由问题提供新的启示，并因此使我们有一些新的发现。

对自由的探讨，其传统模式的不足在于缺乏实证心理数据支撑，因此容易使其流于泛泛之谈和抽象之论。倘若我们把自由理解为**选择的自由**，那么问题就变成了我们是否具有选择甲或乙的自由。决定论者说过，我们并不自由，因为人和自然界一切其他事物有着相同的境遇——他是被各种原因所决定的。正如从半空掉落的石块并没有拒绝下坠的自由，人也是被迫在

① 威廉·詹姆斯《决定论的困境》，引自保罗·爱德华兹与亚瑟·帕普编著的《现代哲学导论》[William James, "The Dilemma of Determinism", 1884, reprinted in Paul Edwards & Arthur Pap (eds.). *A Modern Introduction to Philosophy* (New York: The Free Press, 1957)]。

甲乙之间作出选择，因为各种动机决定、强迫或者致使他选择甲或乙。[①]

决定论的反对派们的主张则截然相反。他们立足于宗教，认为上帝赐予人类在善恶之间作选择的自由——因此人有这种自由。其次，他们认为人是自由的，因为若非如此，他就无法为他的行为负责。第三，他们认为人拥有身心自由这一主观体验，因此这种对自由的意识即是自由存在的证据。这三点看上去都难以令人信服。第一点要求人信仰上帝，并且了解上帝为人类所做的安排。第二点似乎是出于想要把人变得负责任因而可以对其施加惩罚的愿望。惩罚这个概念，是古往今来大多数社会制度的组成部分，它主要是基于（或被视作）一种为保护少数“富人”、针对多数“穷人”而采取的措施，象征着当权者手中的惩治权力。我们若想惩罚什么人，对方必须是一个该负责任的人。从这一点来看，我们会想起萧伯纳所说的：“绞刑结束了——剩下的只有审判。”第三个论点，个体对选择自由怀有的意识即能证明自由的存在，这一点已经被斯宾诺莎和莱布尼茨彻底推翻了。斯宾诺莎指出，我们会产生自由的错觉，是因为我们会意识到自己的欲望，却不知道这些欲望背后的动机。莱

① 此处及本书通篇使用的“决定论”一词，指的是威廉·詹姆斯和当代盎格鲁-撒克逊哲学家们所说的“强硬派决定论”。这个意义上的决定论，区别于我们在休谟和穆勒论著中看到的决定论理论，后者有时被称作“温和派决定论”，根据这一派的主张，认同决定论与相信人类自由，此二者是一致的。我的立场更接近“温和派”而非“强硬派”，但与“温和派”也并非完全一样。

布尼茨也指出，意志受到倾向的驱使，这些倾向部分是无意识的。斯宾诺莎和莱布尼茨之后出现的大多数讨论给我们留下了一个令人满意的信念，那就是：我们在作选择的时候是自由的；但当真令人颇感意外的是，他们却没能认识到这样一个事实——除非我们把对个体起决定性作用的各种无意识力量纳入考量，否则选择自由这个问题将无法得到圆满的解决。除了上述具体的反对意见，有关意志自由的看法似乎也有悖于我们的日常经验。无论是宗教道德论者、理想主义的哲学家还是具有马克思主义倾向的存在主义者持有这种观点，它最好是一个高尚的假定前提，然而或许它又没那么高尚，因为这对具体的个人极为不公。难道我们真的会认为，一个在物质匮乏和精神贫困环境中长大、从未对任何人有过爱或关心的感受、常年酗酒导致自己离不开酒精而健康每况愈下却又绝无可能改变现状的人——我们能说这样一个人可以“自由”作选择吗？在事实面前，这种看法不是不攻自破吗？它难道不是缺乏悲天悯人的情怀，归根结底，它反映的难道不是——用二十世纪的语言来说——资产阶级个人主义和自我中心，如萨特的大部分哲学思想反映的那样，是麦克斯·施蒂纳（Max Stirner）《唯一者及其所有物》（*Der Einzige and sein Eigentum*）[①]的现代版本？

---

① 可参阅金海民译《唯一者及其所有物》，商务印书馆，2007年。该著作通常被认为是无政府主义思想的代表作，其哲学基础是极端主观唯心论和唯我论，是从“自我”和“唯一者”出发要求个人绝对自由的极端利己主义之作。——译者

与之相反的立场——决定论，假定的是人没有选择自由，并且认为人所做的决定在任何给定的时刻都是由发生在此决定之前的外部和内部事件所引起和决定的。此立场乍一听起来更贴合实际也更理性。无论我们把决定论用于分析社会群体和阶层还是个体，弗洛伊德式和马克思主义式的分析不是已经揭示了人在对抗具有决定性作用的本能和社会力量时是多么孱弱无力吗？一个不曾妥善解决对其母亲依赖性问题的人，会缺乏行动能力和决策能力、会内心软弱从而被迫越来越依赖母亲式的人物，直到他再无回头之路，这一点精神分析不是已经揭示出来了吗？马克思主义式的分析不是已经阐明一旦某个阶级，如中产阶级的下层民众，当他们失去财产、文化以及不再具备某种社会功能时，该阶级成员会失去希望并回归到返古倾向、恋尸癖倾向和自恋倾向了吗？

如果决定论意味着相信前因后果的关系不可逆转，那么在这个意义上，马克思和弗洛伊德都不是决定论者。他们都相信，某个过程就算已经开始，也有可能出现逆转。他们都看到了这一改变的可能性，这种改变可以说根植于人能认识到在他身后推动他行动的各种力量的能力以及由此使他重获自由的能力。[①] 他们和斯宾诺莎一样——后者对马克思产生过相当

① 关于这一点，更详尽的论述可参阅弗洛姆《在幻想锁链的彼岸》[E. Fromm, *Beyond the Chains of Illusion* (New York: Simon and Schuster, 1962), and Pocket Books, Inc., New York, 1963]。

大的影响，既是决定论者又是非决定论者（一译自由意志论者），或者说，既不是决定论者也不是非决定论者。他们都认为，人是被因果律决定的，但是通过产生认识和采取适当行动，个体能创造和扩大自由的范围。是否要获得最适宜的自由度并把自己从必要性的锁链中解救出来，这完全取决于个体本身。而获得解放必须满足的条件，在弗洛伊德看来，是个体对无意识的认识；在马克思看来，是个体对社会经济力量和阶级利益的认识；而除了认识，他们都认为积极活跃的个人意志和努力奋争也是获得解放的必要条件。①

每一位精神分析学家必定都见过能够扭转趋势的患者，一旦他们意识到了这些趋势，并集中精力重获自由，便能对他们的生活发挥决定性作用。不过，我们不需要成为一名精神分析学家来获得这种体验。我们当中有些人亲身感受过，或者在别人身上见识过：所谓的因果律链条被斩断，他们开启了一段看上去“奇迹般的”人生历程，因为它与基于其以往的表现看来最合乎情理的做法是相冲突的。

对自由的探讨，其传统模式的不足不仅在于斯宾诺莎和莱布尼茨有关无意识动机的发现没能找到合适的用武之地，而且

① 经典佛教思想基本上也抱持同样的观点。人受缚于六道轮回，但是通过认识他自身的存在处境和八正道修行，他就可以让自己得到解脱。《旧约全书》中的先知们也持类似看法。人可以在“祝福与诅咒、生命与死亡”之间作出选择，但倘若他在选择生命之时犹豫太久，有可能愈行愈远，再无回头之路。

还存在其他理由使这些讨论看上去全属徒劳。在接下来的若干段落中，我将谈到我认为极具重要意义的一些错误。

错误之一在于，对选择自由的探讨停留于人这一层面，而非具体的个体。① 稍后我会阐明，一旦我们在一般意义上讨论人的自由问题，而不是针对某个个体，我们就会采取一种抽象的方式，使这个问题变得无法解决；这正是因为有人拥有选择自由，有人却失去了。倘若我们以所有人而论，那么就会或者流于抽象论述，或者带着康德或威廉·詹姆斯意义上的纯粹道德假设而论。探讨自由之传统模式中存在的另一个困境，似乎在于——尤其是柏拉图之后、阿奎纳之前的古典作家们具有的——在一般意义上讨论善恶问题的这种倾向，就好像人“一般而言”可以在善恶之间作出选择，而且有选择善的自由。这种观点使讨论变得非常复杂，因为在面对一般性的选择时，大多数人都会弃“恶”从“善”。然而，这世上根本不存在“善”“恶”之间作选择这回事，有的只是具体而明确的事，一些人意在行善，另一些则意在作恶；这里还有个前提就是，何为善恶都已经得到了合理界定。当我们不得不作出一个具体决定而不是选

① 对这种错误的分析甚至见于作家奥斯丁·法勒(Austin Farrar)，他有关自由的几部著作堪称最微妙、精辟和客观的对自由的分析。他写道：“选择，按照定义，介乎多个选项之间。一个真正可由人在心理上进行选择的选项，可以通过**下面这一观察到的事实得到证实：人们已经选择了它**。但是，如果人们有时候没能选择它，却并不倾向于证明它被排除在选择之外。”引自奥斯丁·法勒《意志的自由》第151页(*The Freedom of The Will*, London: A. and C. Black, 1958, p.151)。

择一般意义上的善或恶时，这个时候才会在选择问题上出现道德冲突。

传统模式的另一个不足在于，它通常把自由置于选择决定论的对立面进行讨论，而非着眼于各种倾向的程度。[①] 我将在下文阐明，把自由置于决定论的对立面，这中间的问题其实是多种倾向之间存在冲突且各倾向强烈程度存在差异的问题。

最后，“责任”概念的使用混乱不清。“责任”大多数时候用来表示我该受惩罚或受谴责；从这一点来看，我允许别人谴责我，还是我谴责自己，二者几乎没有分别。倘若我自觉有罪，我就自我惩罚；倘若别人发现我有罪，他们会惩罚我。然而，还有另一个责任概念，它与惩罚或“犯罪”没有任何关系。这个意义上的责任只表示“我很清楚我做了这件事”。事实上，一旦我的行为被视为“罪恶”或者“犯罪”，性质就发生变化了。做这件事的人不是我，而是那个“罪人”“坏人”，那个如今必须受到惩罚的“他人”，且不说负罪感和自我谴责其实会令他产生悲伤、自我厌恶以及对生命的厌恶。这一点，在伟大的哈西德派[②]拉比之一戈尔的艾萨克·迈耶（Issac Meier of Ger）笔下有着非常优美的表述：

---

① 莱布尼茨是少数几位谈及“有倾向性而无必然性”（incliner sans nécessiter）的论者之一。

② 哈西德派：犹太教教派之一。——译者

> 但凡有谁在谈论和思考他曾经犯下的罪恶之事，他即是在回想自己已经做下的恶，他也就陷入了自己的所思所想之中——他的整个灵魂彻底陷入其所思所想之中，因此他依然身陷于恶。他必定无法回头，因为他的灵魂会变得粗钝，心灵会随之腐坏，除此之外，悲伤情绪也可能侵袭他。你又当如何？于污秽之中翻搅，无论好坏成败，依然不离污秽。已然犯罪又或者不曾犯罪——在天堂之上，于我们又有何裨益？我对此念念不忘的工夫，大可用来为天堂的福乐串几串珍珠。这就是为何书中有云："离恶行善"——彻底远离邪恶，不作深思，行善事。你已经做下错事？那就行端坐正，以正道之事相抵罢。①

《旧约全书》中通常被译为"罪"的"chatah"一词，实际上指的是"迷失(道路)"，这与上述引文有着同样的寓意。它并不具备"罪"和"罪人"这两个词所具有的谴责意味。同样地，"忏悔"对应的希伯来语词"teschubah"，意指"回归(上帝、自身、正道)"，它同样没有"自我谴责"的隐含之意。因此犹太法典的措辞是"回归之主"("忏悔的罪人")，而且认为此人是高于那些从未犯罪的人的。

假设我们同意在某特定个体所面对的两件具体的事情这

---

① 转引自纳胡姆·格拉策编著的《在时间与永恒中》[N. N. Glatzer (ed.), *In Time and Eternity*, (New York: Schocken Books, 1946)]。

一层面上讨论选择自由问题，那么我们或许可以从一个具体而常见的例子出发：吸烟与不吸烟的选择自由。我们不妨假设有个烟瘾很重的人，他读到吸烟有害健康的几份报告，并就此得出结论——要戒烟了。他已经“决定要戒烟”。这个“决定”并不是一个决定，它只表示个体心里冒出来一个希望。他已经“决定”要戒烟，第二天他感觉好得不得了，第三天感觉糟糕透了，第四天他不想自己显得“不合群”，第五天他怀疑那几份健康报告可能说得不对，于是他接着吸烟，即便之前已经“决定”戒烟。所有这些决定不过是些主意、计划、空想；除非真实的选择当真落到实处，否则它们几乎不具备或根本谈不上有什么现实成分。这个选择如果要成为现实，得是面前摆了一根烟而他不得不决定**这根烟**是吸还是不吸的时候；之后他还得面对另一根烟来作出自己的决定，如此类推。需要个体作出决定的，永远是具体的行为。在任一此类情形中的问题都是：他是否具有不吸烟的自由，抑或他是否不具有这一自由。

这里存在几个问题。假设他不相信那几份有关吸烟的健康报告；又或者他相信，但同时认为，宁愿少活二十年也不能没了吸烟的乐趣。在这种情况下，显然不存在任何选择问题。然而，这个问题有可能只是被伪装了。如果他觉得，即便自己努力也赢不了这场战斗，那么他意识到的一些想法不过是他试图对此进行合理化的结果。因此他可能情愿假装根本不存在什么战斗要自己去赢。然而，不管选择是有意识的还是无意识的，选择的本质是一样的，它是一种介乎由理性支配的行动和受非理性激情支配的行动之间的选择。在斯宾诺莎看来，自由是以“充分观念”为基础，而这些充分观念又是以个体对现实的认识和接受为基础，且决定着各种确保个体精神和心智最大发展的行动。斯宾诺莎认为，人的行动在因果关系上是由激情或者理性所决定的。由激情主宰时，人是受缚的；由理性主宰时，人是自由的。

非理性激情对人具有极其强烈的控制作用，迫使他与真正的自我利益背道而驰，它会削弱和摧毁他的力量并使他深受其苦。人作选择的自由，这个问题并不是在两个一样好的可能性之间做选择。它不是在打网球与徒步旅行之间的选择，也不是在走亲访友与居家阅读之间的选择。涉及决定论或非决定论的选择自由，永远都是在更好与更坏之间作选择的自由，而且更好或者更坏永远都被理解为与生命的基本道德问题有关——即前进与回归之间、爱与恨之间、独立与依赖之间的选择。自由别无其他，就是个体遵从理性、康乐、良知之声的能力和对抗非理性激情之声的能力。在这一点上，我们赞同苏格拉底、柏拉图、斯多葛学派、康德所持的传统观点。我想强调的是，遵从理性之令的自由，是一个可以进一步深究的心理问题。

让我们回到上文面临吸烟与不吸烟选择的那个人的例子；换一种说法就是，他是否拥有遵从自己理性意图的**自由**。可以设想一个我们几乎可以肯定地预测他不能遵从自己意图的个体。假设他牢牢依附于一位母亲式的人物，并且具有口唇-接受倾向，是一个总指望从别人那儿得到什么而从来都不能坚持自己的意见或权利的人。所有这些加在一起，导致他内心充满了强烈且长期存在的焦虑感，那么吸烟对他来说是满足他的接受欲望，也是对抗焦虑的一种防卫。烟对他来说象征着力量、成熟和活力，出于这个理由，他离不开它。他对烟的渴望是他的焦虑、接受欲等引发的结果，并且与这些动机一样强烈。它们的强烈程度会到达一个点，个体在这个点上将无法克服它的欲望，除非他内心的各种力量发生剧烈的相互作用而达到某种平衡。若非如此，我们就可以说，他已经认识到哪个选项更好，但他实际上并没有选择它的自由。另一方面，我们也可以设想有个颇成熟、颇具生产力又不贪婪的人，他将不会违背理性和自己真正的利益行事；但他同样没有“自由”，他不能吸烟，因为他并没有这方面的爱好。①

作选择的自由不是一种形式上的抽象能力，不是个体“有”或“没有”，而是人性格结构的一种机能。有些人没有选择善的自由，因为他们的性格结构已经失去了依善行事的能力。有些人已经失去了选择恶的能力，也正是因为他们的性格结构已经失去对恶的渴望。在这两种极端情况下，我们可以说，这两类人所行之事都是被决定了的，因为他们性格中各种力量之间达

① 圣奥古斯丁谈及至福状态，此状态中的人没有犯罪之自由（not free to sin）。

成的平衡没有给他们留下任何选择。然而在大多数人身上，我们都面临着多种彼此冲突的倾向，它们相互之间达成的平衡状态给我们留有作选择的空间。个体的行为就是他性格中各个彼此冲突倾向之力相互作用的结果。

至此，我们应该清楚地知道，我们可以在两种不同的意义上使用“自由”这个概念：其一，自由是一种态度、一种倾向，是成熟的、完全发展的、具有生产力的个体其性格结构的组成部分。在这个意义上，我所说的“自由”人就相当于我认为的充满了爱、具有生产力和独立的人。这个意义上的自由不关乎个体在两种可能的行动之间作出特别的选择，而关乎当事人的性格结构。而且在这个意义上，“没有选择恶的自由”的这个人，是一个完全自由的人。自由的第二层意义，是我们一直以来主要谈论的自由概念，即个体在对立的两个选项之间作选择的能力。然而这些选项总是意味着个体必须在生命中理性与非理性利益之间、生命的成长与停滞和死亡之间二选其一。就这层意义上的自由而言，最好和最坏的人并没有作选择的自由；而正是内心怀着多种彼此冲突倾向的普通人，对他们来说，选择自由问题才真实存在。

倘若我们在第二种意义上讨论自由，那么问题来了：在彼此冲突的倾向之间作选择的这种自由，究竟取决于哪些因素呢？

显而易见的是，最重要的因素在于彼此冲突的各种倾向各自具有的力量，尤其在于这些倾向的无意识部分所具有的力量。然而倘若我们问，即便是非理性倾向更为强烈，又是哪些因素会支撑选择的自由呢？我们会发现，在选择更好而非更坏之事上，决定性因素在于个体的认识：(1) 对什么构成善、什么构成恶的认识；(2) 对在具体情况下哪种行动是实现个体既定欲望的适当手段的认识；(3) 对显见的愿望背后存在的各种力量的认识，这意味着个体对自身无意识欲望的发现；(4) 对个体可以选择的、真实存在的多种可能性的认识；(5) 对个体作出非此即彼的选择后造成何种局面的认识；(6) 对下面这一事实的认识：就算个体有了这些认识，除非同时具备行动意志，且因为个体采取了有违其非理性激情的行动而必然产生挫败之痛，而个体对此做好了心理准备，否则这些认识就是无效的。

现在让我们来探究这种种认识。个体对何为善、何为恶的认识，有别于在大多数道德体系中什么被称作善、什么被称作恶的理论**知识**。传统灌输给他的是，爱、独立和勇气是好的，恨、屈服和懦弱是不好的；但这几乎没什么意义，因为这些知识是他从权威人士或部门、常规教学等地方得来的异化知识，被视为真实可信也仅仅是因其来源之故。而认识指的是个体自己得出的东西，通过亲身体会、自我实验、观察他人，最后获得一种信念，而不是拥有某种不负责任的“看法”。然而，只在一般性原则上作决定是不够的。除了这个层面的认识，个体还需要认识到自己内心各种力量的平衡以及暗藏的各种无意识力量的多种合理化表现。

我们以一个具体的例子作分析：有个男人被一个女人深深吸引，并产生了想与其性交的强烈愿望。他意识到的想法是：他有这种愿望是因为她真的太美了，或者她太善解人意了，或者她太需要被爱了，或者他太性饥渴了，或者他太需要爱了，或者他太寂寞了，或者……他可能会认识到，如果和她发生暧昧关系，他们两人的生活或许都会因为他而搅得一团糟；她会感到害怕而寻找保护力量，并因此不轻易放他脱身。方方面面他都认识到了，但他还是不管不顾地与她有了婚外情。为什么？因为他意识到了自己的欲望，却没意识到欲望之下的各种力量。这些力量会是什么呢？在众多类型之中，我将提到其中的一种，虽然只是其一，但它经常起着很大作用，那就是个体的虚荣自恋。倘若他决意征服这名女孩，以此证明他的吸引力和价值，那么他通常不会意识到这一真实的动机。他会陷于上文提到的那些合理化想法而不自知，而且不止那些，还有更多类似的合理化托辞。他因此依照自己真实的动机采取行动，而这恰恰是因为他看不见自己真实的动机，产生了错觉，误以为他的所作所为都是基于其他更合理的各种动机。

认识的第二步，是个体对其行为会造成哪些后果的透彻认识。在作决定的时刻，他的心思充满了欲望和自我安慰的合理化想法。然而，倘若他能清楚地看到自己的行为会造成哪些后果，举例来说，倘若他能看到那是一种旷日持久、无法摆脱的虚情假意的婚外情；看到因为他的自恋心理只能通过不断征服新的女人才能得到满足，而自己渐渐对她心生厌烦；看到即便如此自己也因为心有愧疚和害怕承认自己从未真正爱过她、害怕内心的矛盾使自己和她都变得麻木和软弱，而不断许下种种虚假诺言，等等诸如此类，那么他的决定可能会不一样。

可是，就算个体认识到了自己潜藏的真实动机，认识到了会造成哪些后果，对于使其更倾向于作出正确的决定来说，还是不够。另一重要认识同样必不可少，那就是个体认识到他作出真实选择的**时刻**以及认识到他能选择的真实的可能性有哪些。

假设他能认识到自己所有的动机和一切后果，假设他已经“决定”不和这个女人上床。然后，他邀请她看一场演出，在送她回家之前提议道：“我们一起喝一杯吧。”表面看来，这根本无伤大雅，男女一起喝一杯，听起来无可非议；然而事实上，倘若他内心各力量之间的平衡还没发展到如此不堪一击的地步，这一切确实无可非议；倘若在那一刻，他能认识到“一起喝一杯”后将必然发生什么，他或许不会这么提议。他会看到二人对饮的气氛是暗生情愫的浪漫，入口的饮品会削弱他的意志力，他会无法抗拒下一步进入她公寓再喝一杯，然后几乎可以肯定他会在不知不觉中与她共行云雨之事。倘若他认识透彻，他便可以预见到这一系列事件几乎无可避免；而倘若他能预见，他就可以做到不“一起喝一杯”。然而，他的欲望蒙蔽了他的双眼，使他看不到其后必然发生的一系列事件，在他有可能作出正确选择的时候，他没有这么做。换言之，此处真实的选择，是在他请她喝一杯时所作(也可能是在他邀请她看演出时所作)，而并非两人男欢女爱时所作。在决定之链的最后节点，他不再自由；倘若早些时候他能认识到真实的决定应该就在当时当地作出，他或许是自由的。有些人认为，在选择更好、不选更坏的这方面，人没有任何自由可言；这种观点在很大程度上基于这样一个事实：他们通常关注的，是个体在一连串事件链条的最后节点上所作的决定，而不是第一或第二个决定。的确，在最终的决定这个节点上，选择的自由通常已经消失了。但在早些时候，个体尚未深陷于自己的各种激情不可自拔时，选择的自由或许还是完好无损存在着的。我们或许可以这样总结：大多数人在他们的生活中没能把握住选择的自由，原因之一恰恰在于他们没能在自己尚且拥有依理性行事的自由的时刻清楚地意识到这一时间节点；也因为等他们意识到的时候，要作决定已经为时晚矣。

与个体在作真实的决定时预见到什么这件事密切相关的，还有另一个问题。我们的选择能力常常随着生活实践发生变化。我们越是持续作出错误的决定，我们的心肠就越坚硬；越是经常作正确的决定，心肠就越柔软——或者可以说越好，变得生机勃勃。

此处涉及的原则，可以在国际象棋中找到很贴切的说明。

假设两位棋艺相当的棋手开始对弈，两位胜算差不多（执白者胜算稍高，为方便讨论，暂且忽略不计）；换言之，两位都有同样的自由赢得这盘棋。假设五步之后，局面已然出现变数：两位仍是输赢未定，但是甲有一步兵行妙招，因此有了更大的胜算；可以说，他比乙拥有更大的自由去打败对方，但此时乙仍有自由赢过甲。更多步之后，甲已经持续正确走子多步，乙并未予以有效反击，甲差不多肯定要赢，但也只是差不多而已，乙仍然有赢的可能。再多走几步之后，成败已定。倘若乙是一名技艺高超的棋手，他就会意识到自己再无赢棋的自由，他会看到在自己被真正将死之前就已经输了这盘棋。只有无法正确分析各种决定性因素的差劲的棋手，才会心存幻想，以为在丧失了赢棋的自由之后自己仍有翻盘的可能；因为这种错觉和幻想，他不得不一步步走向悲惨的结局，最后眼睁睁看着自己的王被将死。①

以国际象棋作类比，其中的启发意义显而易见。自由不是一种我们“有”或者“没有”的恒定属性。事实上，我们除了有“自由”这个词及其表达的抽象概念，根本不存在“自由”这种

---

① 如果只是弈棋输了，结局可能没那么悲惨。但如果军队将领因为缺乏才能和客观性而看不到战争失败并导致几百万人为此丧命，那就是惨绝人寰的结局。可就在本世纪，我们还是见证了两次这种悲惨的结局：第一次是在1917年，第二次是在1943年。这两次都是德国的军事将领们没能了解他们已经失去了赢得战争的自由而继续进行无意义的垂死挣扎，为此生生断送了数百万人的性命。

事物，有的只是一个现实：个体在作选择的过程中把自己解放出来以享有自由的行为。在这个过程中，我们作选择的能力大小因每一次具体行为、因我们的生活实践而存在差异。生活中走的每一步，其间能增强我的自信心、完整性、勇气和信念的东西，同时也能增强我选择可取之项的能力，最终会发展成：在不可取与可取的行动之间，对我来说，选择前者的难度更大。而在另一方面，每一次屈服和懦弱的行为都会令我变得软弱，为更多的屈服行为开辟道路，最终自由一去不复返。一头是我不能再出现错误的行为，另一头是我已经失去采取正确行动的自由，在这两个极端之间，存在着程度各异且无以计数的选择自由。在生活实践中，选择自由处于何种程度在任何给定时刻都是不一样的。倘若选择自由的程度很高，个体为选择善需要付出的努力相对较小；倘若程度很低，个体则需要付出巨大努力、需要他人的帮助以及有利的环境。

这种现象中的一个经典例子，是《圣经》故事中法老对让希伯来人离开埃及的要求所作的反应。他害怕越来越严重的灾难降临到他和他的人民身上，于是答应让希伯来人离开；然而迫在眉睫的灾祸一旦消失，**“他的心刚硬起来”**，又一次决定不放希伯来人离去。硬起心肠的这个过程，是法老所作所为的核心问题。他越是拒绝作出正确选择，他的心就变得越刚硬。多大的灾祸也不会改变这一灾难性的发展，最后导致他和他百姓的毁灭。他的心从未变过，因为他的决定不仅基于恐惧，也因为缺少这种变化,他的心变得更加刚硬,直到最后一丝选择的自由也不再留给他。

看看我们自己和他人的发展就会明白,法老心肠变硬的故事只是对我们日常所见之事的诗意表达。我们再来看个例子。有个八岁的白人男孩,他要好的小伙伴是黑人女佣的儿子。男孩母亲不喜欢他与小黑孩一起玩耍,嘱咐儿子不要再和对方见面。男孩不同意,母亲便答应他,如果听话便带他去看马戏表演;男孩屈服了。他感到羞愧,他的完整性受到损害,失去了自信心。不过,此时尚未发生任何无可挽回的事。十年之后,他爱上一个女孩。两人不是一时意乱情迷,而是彼此惺惺相惜、用情至深。可是女孩出身不如男孩高贵,他父母对这段恋情感到极为不满,劝他分手。他坚决不从,于是父母答应他,只要他同意等一段时日,他们便送他去欧洲旅行半年,待他回来再正式确定这段恋爱关系。他接受了这项提议。在他的意识中,他相信这趟旅行对他大有裨益,而且毫不怀疑待他归来之时,自己对心上人的爱意肯定不会减少半分。可结果并非如此。他遇到很多其他女孩,且颇受欢迎,他的虚荣心得到满足,爱情和结婚念头最终越来越淡薄。在回国之前,他给从前的她写了封信,这段恋情无疾而终。

他是什么时候作这个决定的呢?他自以为是提笔写分手信那一天吗?实则并非如此;他的这个决定,是在他接受父母所赠的欧洲之旅那天做的。虽然不是有意识的想法,但他觉得自己接受了贿赂就等于把自己卖了——他得交付答应给父母的东西：分手。他在欧洲的所作所为并不是导致两人分手的**原因**，而是他成功履行上述交付承诺的机制。在这一节点上，他背叛了自己，这是第二次了，造成的后果就是他的自我鄙视之心（隐藏在新征服战绩带给他的满足背后）、内心的软弱和自信心的缺乏都愈发严重。我们还需要继续详细追踪他的生活吗？他最终子承父业，舍弃了原本自己颇有些天赋的物理学；他娶的妻子是父母富人朋友的女儿；他成了一个成功的商人和政治领袖，但他违背自己的良心作出一些致命的决定，原因是他害怕与人政见不合。他的人生历史就是心肠变硬的历史。道德上的一次挫败，使他更易于遭受下一次挫败，直到最后再也无法回头。八岁的时候，他原本可以坚定立场，拒绝贿赂，那时他还是自由的。或许某个朋友、祖父或者师长在了解到他的难处之后，可能伸手帮他一把。十八岁的时候，他已经不如从前自由了；他此后的生活就是自由不断减少的过程，直到他败了生命这盘棋。大多数没有道德原则、心肠硬的人，即便是希特勒手下的那些官员，在他们人生之初都有机会成为一个好人。对他们的人生展开细致入微的分析，或许我们就可以知道，他们的心在任一特定时刻硬到何种程度，又是在什么时候失去了保留其人性的最后机会。与此相反的情况同样存在：一次胜利使下一次胜利变得更容易，直到作正确的选择不再需要个体付出努力。

这个例子说明，大多数人在生命的艺术中一败涂地，不是因为他们生来就坏，或者他们太缺乏意志乃至无法拥有更好的人生；而是因为他们没有觉醒，在置身于十字路口和必须作出决定的时候，自己却看不到。生命给他们抛出一个问题，在他们尚有较大选择余地的时候却无知无觉。之后在歧路上每多走一步，要他们承认自己已然误入歧途就变得愈发困难，这通常只是因为他们不得不承认自己必须回到第一次拐错弯的岔路口，而且必须接受自己已然浪费了精力和时间的事实。

对社会和政治生命来说，个中道理是一样的。希特勒上台独揽大权是势在必然吗？德国人民在任何节点上都有推翻他的自由吗？1929年出现了使德国人倒向纳粹的多重因素：社会上存在着一群满腹牢骚、残酷成性的中产阶级下层民众，他们的心态早在1918年至1923年之间就已经成型；1929年经济大萧条导致大规模失业；早在1918年社会民主派领袖们默许发展壮大的德国军国主义力量日益增强；重工业领域的领导者们对反资本主义运动忧心忡忡；德国共产党在战略上把社会民主党人列为头号劲敌；还有一位人物，虽然有些天赋，但人已半疯、善于投机且极具煽动力；这几项只是其中最重要的一些因素。另一方面，有强烈反对纳粹的工人阶级各党派、强有力的工会；有一群反纳粹的自由中产阶级；有德国式的文化和人文主义传统。分别倾向于推动两边各自发展的各种因素达到某种平衡，就在这种形势下，1929年打败纳粹仍然是真正可能实现的事。在希特勒派兵进驻莱茵兰①之前,这种可能性同样存在。有些军事将领密谋推翻他,他的军队编制也存在缺陷。西方反法西斯同盟以雷霆之势让希特勒兵败如山倒,这是最有可能发生的事。另一方面,如果当初希特勒不那么丧心病狂、惨无人道,导致被占领国家的人民纷纷奋起反抗,结果又当如何?如果当初希特勒听从他手下那些将军们的建议,从莫斯科、斯大林格勒及其他战场实行战略撤退,结果又当如何?他还有避免全面溃败的自由吗?

我们最后一个例子,涉及的是个体认识的另一个方面,它在很大程度上决定着个体作选择的能力,那就是个体对两类相反的选项的认识:一类是真实的选项,另一类是因为并非基于真实的可能性进而不具备可能性的选项。

决定论的观点是,每一个需要作选择的情境中只存在一个真实的可能性。在黑格尔看来,自由的人在行事之时是认识到这个唯一可能性的,即认识到这一必然性;不自由的人则看不到它,因此被迫以某种方式行事,同时并不会意识到自己是必然性的执行者,即理性的执行者。另一方面,从非决定论的

① 莱茵兰:旧地区名,也称"莱茵河左岸地带",今德国莱茵河中游。一战结束后,协约国与同盟国签订的《凡尔赛条约》规定,莱茵河以西所有德国领土以及莱茵河以东宽五十公里地带实行非军事化政策。对德国来说,此规定使德国无法进攻法国和莱茵河下游诸国;且德国西部边界几乎不设防,极易被他国入侵,继而使其难以向其他任何方向出兵,所以极不利于德国扩军备战。——译者

立场来看,个体在作选择的时刻存在着多种可能性,而且人有任其选择的自由。然而通常情况下,不是只存在一个"真实的可能性",而是存在两个甚至更多。从来不存在任何专制性能在无限的可能性之中给人留下这一个选择。

"真实的可能性"是什么意思呢?考虑到个体内心或一个社会内部各种相互作用的力量形成的整体结构,真实的可能性是一个能具体化的可能性。它与虚构的可能性对立,后者相当于人的各种愿望和欲望,但鉴于现实存在的情况永远无法实现。人是各种力量的集群,这些力量以某种确切且可以确定的方式形成结构体系。这一特殊的结构样式,即人,受到很多因素的影响:环境因素(阶层、社会、家庭)、遗传因素和体质状况。通过研究这些构成性趋势,我们就已经能够看到,它们并不一定是决定某种"效果"的"原因"。一个天生羞怯的人,有可能会变得畏缩胆怯、腼腆孤僻、消极被动和灰心气馁,也可能会敏悟过人,比如成为一个颇具天赋的诗人、心理学家或内科医生;但他不具备下面这种"真实的可能性":成为一个不敏感、无忧无虑、说干就干的人。上述两个方向中,他究竟会朝哪边发展,取决于一些使他产生某种倾向的其他因素。对于一个天生具有或早期形成施虐倾向的人来说,道理是一样的。这种情形中的个体有可能成为一个施虐狂,也有可能通过对抗来克服自己的施虐倾向,形成一种特别强大的精神"抗体",使他做不出残忍冷酷的事,同时也令他对施加在别人或自己身上的任何残酷行为都高度敏感；他永远都不会成为一个对残忍**无动于衷**的人。

以上是对构成性因素方面“真实的可能性”问题的讨论，下面我们回到前文提到的吸烟的例子。个体面临两种真实的可能性：要么继续做个老烟枪，要么自此彻底断了吸烟的念想。他自以为可以接着吸但不多吸的这种想法，其实是一种错觉。在我们婚外情的例子中，那个男人有两种真实的可能性：要么干脆不邀请那个女人出来，要么跟她来一段外遇。考虑到他和她的人格中各种力量的集群，他自以为可以请她喝一杯但不跟她发生暧昧关系的这种想法，是不切实际的。

希特勒有一种真实的可能性是赢得战争——或者说，至少不会输得如此彻底——如果当初他对占领区的人们不曾那么残暴无情，如果当初他不是那么自恋乃至不允许战略撤退，等等。但在这些选项之外，并不存在任何真实的可能性——如他所希望的那样：把占领区的人们当作自己毁灭性冲动的发泄对象、以绝不撤退来满足自己的虚荣和狂妄、用自己的勃勃野心来威胁一切其他资本主义势力、赢得这场大战，所有这些并不在真实的可能性范围之内。

同样的道理也适用于我们如今面临的形势：当前存在着强烈的战争倾向，这源于世界各极势力都拥有核武器以及由此导致彼此之间心存忧惧和猜忌；人们对国家主权盲目崇拜；对外政策缺乏客观性和理性。另一方面，美苏两大阵营中的大多数民众都希望避免核毁灭带来的灾难；余下的人们都发出心声,坚持要求列强不要把其他国家卷入其疯狂行为;现有的一些社会和技术因素能提供和平的解决方案,并为人类的幸福未来敞开了希望之门。我们有两套因素,各自推动着相反倾向的发展,但仍然存在着两种真实的可能性,人类可以从中二选一:要么结束核武器竞赛和冷战以实现和平,要么继续推行当前政策以发动战争。两种可能性都真实存在,即便二者的影响力有大有小。人类作选择的自由仍然存在。但绝无可能发生的是,我们继续推进军备竞赛和冷战、继续怀着偏执妄想的仇恨心态,同时又企图避免核毁灭。

1962 年 10 月,我们似乎已经与这种选择自由失之交臂:有悖于天下人意志——或许某些精神错乱的死亡热爱者除外——的毁灭性灾难似乎一触即发。[①] 在那种局势下,全人类得到拯救——紧张关系之后得到缓和,谈判和妥协成为可能。当前这段时期,即 1964 年,很可能是人类拥有在生命与毁灭之间作出选择之自由的最后时机。倘若我们浮于各种表面约定——它们象征着良好意愿,却并不能让我们洞悉其中给定的选项及其各自会引发的各种后果——那么我们的选择自由终将烟消云散。倘若人类自取灭亡,那将不会是因为人心生来邪恶,而是因为他认识不到真实可行的选项及其造成的各种后

① 1962 年 10 月 22 日,时任美国总统肯尼迪向全美和全世界发表广播讲话,通告苏联在古巴部署核导弹的事实,宣布武装封锁古巴,要求苏联撤走导弹。“古巴导弹危机”爆发。自此,核战争阴影笼罩,世界危在旦夕。——译者

果。自由的可能性恰恰在于，我们能在自己可以选择的和“不真实的可能性”之间认识到哪些是真实的可能性；后者是我们一厢情愿的想法——决定选择真实但(在个人或社会看来)不得人心的选项这种事令人不愉快，我们要借着美好的愿望从中脱身。不真实的可能性，当然就是根本没有任何可能性，都是些脱离实际的白日梦。然而不幸的事实是，我们当中的大多数人在面对真实的选项，而且有必要作出一个需要当事人深入洞察和付出牺牲的决定时，他们宁愿去想象还有别的可能性或许可以达成所愿；我们因此让自己视而不见这样一个事实：这些不真实的可能性并不存在，它们有如镜花水月，命运在其背后自有决断。活在非可能性会变成现实这种错觉之下的个体，在被动接受为他所作的决定和非他所愿的意外灾难发生时，他会措手不及和愤愤不平，觉得自己受到了伤害。这种时候，他会陷入归咎于他人、为自己辩解和/或祈求上帝庇佑的误区；而他唯一应该责怪的，是他自己缺乏勇气不敢面对问题、缺乏理性不能理解问题。

至此，我们可以得出结论，人的行为总是由各种倾向引起，这些倾向根植于其性格中起作用的(通常是无意识的)各种力量。倘若这些力量发展到某种程度，它们可能会变得非常强烈，乃至不仅使个体产生某种倾向，还会左右他整个人；如此一来，他就没有了选择自由。在有些人的性格中，各种相互冲突的倾向有效运作；在这种情况下，个体是有选择自由的。这种自由受到真实存在的可能性的限制,这些真实的可能性由整体情况所决定。人的自由,在于他有可能选择真实存在的可能性(选项)。这个意义上的自由可以被界定为:不是个体"在认识到必要性的情况下行事",而是**基于他对多个选项及其会造成的多种后果的认识**的情况下行事。从来不存在什么非决定论;存在着的,有时候是决定论,有时候是基于"认识"这一专属于人类现象的选择论。换一种表述就是,任一事件都有其原因。但是在该事件发生之前的一系列人或事中,可能存在着若干动机,而这些动机又可能变成引发下一事件的起因。这些可能的原因究竟哪一个会发挥作用,可能取决于个体作决定的那一刻具有的认识。换言之,无事不有其因,但并非凡事都被决定(此处取该词的"强硬派"意义。)

此处对决定论、非决定论和选择论观点的探讨,基本上沿袭了三位思想家的理论:斯宾诺莎、马克思和弗洛伊德。这三位思想家常常被称为"决定论者"。这一称谓是有充分理由的,其中最有力的依据,就是思想家本人以之自称。斯宾诺莎曾写道:"在心灵中没有绝对的或自由的意志;而心灵之有这个意愿或那个意愿乃是被一个原因所决定,而这个原因又为另一个原因所决定,而这个原因又同为别的原因所决定,如此递进,以至无穷。"(《伦理学》第二部分,命题四十八)[①]斯宾诺莎为下面这

---

① 中译文引自贺麟译《伦理学》,北京:商务印书馆,1983年版,第87页。——译者

个事实提供了解释：意志在我们的主观体验中是自由的——在康德和很多其他哲学家看来，这正是意志自由的证据——而这其实是自我欺骗的结果。我们能认识到自己的欲望，但不能认识到这些欲望背后的动机，因此我们相信欲望"自由"地存在。弗洛伊德也曾表明其决定论立场，相信精神自由和选择。他说，非决定论"很不科学。……它应该让道于决定论，后者甚至统摄着精神生活"。马克思看上去也是一位决定论者。他发现了历史规律，这些规律把政治事件解释为阶级分层和阶级斗争的结果，并把后者解释为现行生产力及其发展的结果。似乎三位思想家都否认人类自由，并在人身上看到了其背后运转的力量助推器，它不仅使人产生倾向，而且决定其如何行事。在这个意义上，马克思是位严格的黑格尔主义者，对他来说，个体对必然性的认识是自由的最高限度。①

不仅斯宾诺莎、马克思和弗洛伊德各自的观点表述方式使他们看起来像是决定论者，他们的很多门生也是这样理解的。对马克思和弗洛伊德尤其如此。很多"马克思主义者"言语之间就好像存在着一个不可改变的历史进程，好像未来是由过去决定的，好像某些事件的发生有其必然性。弗洛伊德也有很多弟子与其立场一致，他们认为弗洛伊德的心理学是科学的，而

---

① 有关详细论述可参阅弗洛姆《在幻想锁链的彼岸》[E. Fromm, *Beyond the Chains of Illusion* (New York: Simon & Schuster, 1962), and Pocket Books, 1963]。

这恰恰是因为它能通过前面的原因预测后面的结果。

然而,这种把斯宾诺莎、马克思和弗洛伊德当作决定论者进行的阐释,是将三位思想家哲学的其他部分完全弃之不顾的做法。“决定论者”斯宾诺莎的主要著述是一部有关伦理学的著作,这是为何?为什么马克思主要意在讨论社会主义革命,弗洛伊德的主要目标是找到一种疗法来治疗精神病患者的神经症?

要回答这些问题,其实很简单。三位思想家都已经认识到,人和社会在某种程度上倾向于以某种方式行事,这一程度通常意味着倾向变成了决定作用。然而与此同时,他们又都不只是想要解释和阐述的哲学家,他们还想要改变和转变。对斯宾诺莎来说,人的任务、伦理目标恰恰就是减少决定作用并获得最适宜的自由。人可以通过自我认识、通过把激情转变成行动(“积极的情感”)来实现这一点——那些激情使他变得盲目并束缚着他,那些行动(和情感)能使他根据为人的真实利益行事。“一个被动的情感只要当我们对它形成清楚明晰的观念时,便立即停止作为一个被动的情感存在。”(《伦理学》第五部分,命题三)在斯宾诺莎看来,自由不是任何被**给予**我们的事物,而是我们可以通过洞察力和努力在一定限度之内获得的事物。倘若我们刚毅坚忍又有认识,我们就会有可选之项。征服自由是困难的,这也是为何我们当中大多数人都会失败。正如斯宾诺莎在《伦理学》的末章如此写道(命题四十二,附释):

现在,我已经将我要说的所有关于心灵克制情感的力量,以及关于心灵的自由的意义充分发挥了。由此可以明白看到,智人是如何强而有力,是如何高超于单纯为情欲所驱使的愚人。因为愚人在种种情况下单纯地为外因所激动,从来没有享受过真正的灵魂的满足;他生活下去,似乎不知道他自己,不知神,亦不知物。当他一停止被动时,他也就停止存在了。

反之,凡是一个可以真正认作智人的人,他的心灵是不受激动的,而且依某种永恒的必然性而能自知其自身,能知神,也能知物。他绝不会停止存在,而且永远享受着真正的灵魂的满足。

我所指出的足以达到这目的的道路好像是很艰难的,但是这的确是可以寻求得到的道路。这条道路很少被人发现,这足以表明它诚然是很艰难的。因为如果解救之事易如反掌,可以不劳而获,那又怎么会几乎为人人所忽视呢?但是一切高贵的事物,其难得正如其稀少一样。①

斯宾诺莎,这位现代心理学的奠基人,他看到了对人起决定作用的各种因素,但他撰写的是一部《伦理学》。他想表明人如何能挣脱束缚获得自由。他的"伦理"概念恰恰就是对自由

① 中译文引自贺麟译《伦理学》,北京:商务印书馆,1983年版,第240、267页。——译者

的征服概念。这种征服是可能的，通过理性、通过充分观念、通过认识；但只有在个体比大多数人所情愿的努力程度基础上付出更多力气时，它才有可能实现。

如果说斯宾诺莎的著作旨在探讨个体的"解救"（解救意指通过认识和努力实现对自由的征服），那么马克思同样旨在个体的解救。但是，斯宾诺莎讨论的是个体的非理性问题，而马克思拓展了这一概念。他认为，个体的非理性是由个体生活于其中的社会的非理性所引起，这种非理性本身是经济和社会现实固有的无计划性和矛盾性产生的结果。和斯宾诺莎一样，马克思的关注对象也是自由和独立的人。为了获得这种自由，人必须认识到在其背后运转并对其起决定性作用的那些力量。解放是认识和努力的结果。更具体地说，马克思认为工人阶级是推动全世界人类解放的历史动因，他认为阶级意识和阶级斗争是人类解放的必要条件。从下面这句话的意义来看，马克思和斯宾诺莎一样，也是一名决定论者：倘若你继续盲目，不付出最大努力，你会失去你的自由。但他不只想要阐释，这一点也如同斯宾诺莎，他还是一个想要改变的人——因此，他的全部工作就是想要教会人类如何通过认识和努力获得自由。人们常常以为，马克思曾经预测过必将发生的一些历史事件，但他从未说过这种话。他从来都是一名选择论者。倘若人能认识到他背后运转的一切力量，倘若他付出巨大努力来赢得自由，那么他就能挣脱必然性的锁链。是罗莎·卢森堡，这位马克思理论最重要的阐释者之一，对他的这一选择论进行了独特的阐释。她说，在这个世纪，人是在“社会主义和野蛮主义之间”作选择。

弗洛伊德这位决定论者，同样也是一位想要转变的人：他想把神经症变成精神健康，把本我主宰变成自我主宰。对想要理性行事的个体来说，神经症——无论哪种类型——除了意味着失去自由，还能意味着什么？精神健康除了意味着个体具有根据自己真实利益行事的能力，还能意味着什么？与斯宾诺莎和马克思一样，弗洛伊德看到了人在何种程度上被决定。但弗洛伊德同时也认识到，以某种非理性因而也是毁灭性的方式行事的这种强烈冲动是可以被改变的——通过自我认识和努力。因此，他的工作就是想要设计出一种方法，通过自我认识来治疗神经症，而他疗法的座右铭是：“真理会使你们得到自由。”①

有几个最重要的概念是三位思想家所共有的：(1) 人的行为是由其之前的原因决定的，但他可以通过认识和努力把自己从这些原因的力量之中解放出来。(2) 理论和实践不可分离。为了得到“解救”或自由，须知我们必须得有正确的“理论”。但除非我们有所行动和挣扎，否则我们无从得知理论究竟如何。② 三位思想家做出的伟大发现，恰恰就是理论和实践、阐

① 语出《新约全书·约翰福音》8：32：你们会认识真理，真理会使你们得到自由（现代译本，下同）。——译者

② 例如，弗洛伊德就认为，患者支付诊金而在经济上有所牺牲、因其非理性幻想未被付诸行动而受到打击的牺牲，这都是有必要的，以此可以使其得到治愈。

释和改变彼此不可分离。(3)如果我们说人可能在争取独立和自由的战斗中落败,那么在这个意义上,三位思想家都是决定论者;但他们本质上是选择论者:他们使世人懂得,人可以在某些能够确定的可能性之间作选择,这些可选项之中哪些会成为现实完全取决于人自身;只要他尚未失去自由,便是取决于他。因此,斯宾诺莎并不认为每个人都会得到解救,马克思并不认为社会主义每次都非赢不可,弗洛伊德也并不认为每一个神经症患者都能在他的治疗方法下痊愈。事实上,三位思想家都是怀疑论者,同时又都心怀深刻的信念。在他们看来,自由不只意味着个体在认识到必然性的情况下行事,它还是人择善弃恶的绝好机会——它是个体基于认识和努力选择真实可能性的机会。他们的主张既不是决定论,也不是非决定论,而是一种实事求是的批判人文主义观。[①]

① 此处描述的选择论观点,基本上是希伯来《圣经》里的观点。上帝并没有通过改变人的心来干预人类历史。他派遣他的信使和先知带着三重使命降临人间:向人显现某些目标、向人显现其作决定后产生的结果以及反对错误的决定。人作出的决定完全在于他自己,任何人,即便是上帝也不能"拯救"他。对这一原则最明确的表述,体现在以色列的长老要求撒母耳为他们立一位王,撒母耳祷告之后上帝对他说的话:"你就顺着他们吧!但你要严厉地警告他们,并向他们说明,将来他们的王会怎样对待他们。"在撒母耳为众人描述了一系列骇人听闻的东方暴政统治之后,以色列人竟不肯听,仍然坚持要一位王,上帝说:"照他们所要求的给他们王吧!"(《旧约全书·撒母耳记上》8:9 & 8:22)。同样的选择论思想还体现在下面这句话:"现在,我呼唤天地来作证,把生命和死亡、祝福和咒诅摆在你们面前。那么,选择生命吧!"(《旧约全书·申命记》30:19)人可以作选择,上帝无法拯救他。上帝能做的,只是在他面前摆出基本的可选项:生命和死亡,并鼓励他选择生命。

这也是佛教的基本主张。释迦牟尼认识到了人类受苦受难的原因——贪欲。他把两种选择摆在众生面前：或者生出贪欲心而陷于苦难并受缚于六道轮回，或者禁绝贪欲而就此终结苦难并获得新生。人可以在这两种真实的可能性之间作选择：除此二者之外，他并没有别的出路。

至此，我们已经讨论了人心及其善恶倾向。从本书第一章提出问题到现在，我们是否已经有了更充分的依据？

或许，我们回顾总结前文所做的讨论，至少有一定的价值吧。

1. 恶是人类特有的现象。它是个体想要回归到前人类状态的企图，消除这一企图需要专属于人类的特质：理性、爱和自由。然而，恶不仅专属于人类，它还是悲剧性的。即便个体回归到最严重的返古体验形式，他也绝不会不再为人；因此他也就绝不能满足于把恶当成一种解决方案。动物成不了恶，它们根据内置的驱动力行动，这些驱动力本质上服务于它们的生存利益。恶是个体想要越过有人性的领域到达无人性领域的企图，但恶完全属于人类，因为正如人完全没有可能成为“上帝”一样，他也完全没有可能成为动物。恶是人在悲剧性地企图逃离其人性的负累时自我的迷失，而恶的潜能变得更大，因为人天生具有一种想象力，能让他想到一切恶的可能性，并因此想要将之付诸行动来满足他恶的想象。[①] 此处所说的善恶

---

① 有趣的是，希伯来语《圣经》中用来指善恶冲动的词 Jezer，其本意就是“想象”。

观，本质上与斯宾诺莎所说的一致。他说："因此在下文里所谓善是指我们所确知的任何事物足以成为帮助我们愈益接近我们所建立的人性模型的工具而言[斯宾诺莎称之为'人性模型']。反之，所谓恶是指我们所确知的足以阻碍我们达到这个模型的一切事物而言。"在斯宾诺莎看来，从逻辑上讲，"一匹马无论变成人也好，变成昆虫也好，它的本质都是同样地遭到毁灭了"。善，在于把我们的存在转变为一种越来越接近我们本质的近似物；而恶，则使我们的存在与本质之间越来越疏离。

2. 恶的程度同时也意味着回归程度。最大的恶，是最尖锐地对立于生命的那些欲望：对死亡的热爱，想要回到子宫、土地或无机状态的乱伦共生欲望，使个体成为生命之敌的自恋式自我献祭——原因恰恰就是他离不开自我的牢笼。这样的活法，就是活在"地狱"。

3. 小恶是存在的，根据回归程度而论。小恶可归之于爱的欠缺、理性的欠缺、兴趣的欠缺、勇气的欠缺等。

4. 人有回归和前进的倾向，这是"人有向善和向恶的倾向"的另一种说法。倘若这两种倾向仍处于某种平衡，那么他仍有选择的自由，前提是他能利用自己的认识并能付出努力。他有自由选择那些本身由他所处的总体情境所决定的选项。然而，倘若他的心已经变得太刚硬，乃至于倾向之间的平衡不复存在，那么他便不再具有选择的自由。在导致失去自由的一连串事件中，作最后那个决定通常是在他再也没有自由作选择的时候。在作第一个决定时,倘若他能意识到这第一个决定的重要性,他可能尚有自由选择通向善的那个选项。

5. 人具有为自己的行为作选择的自由时,他在这一程度上承担责任。但是,责任只是一个道德假设,而且通常是当权者想要对他人施加惩罚的合理化托辞。这恰恰因为恶是人类之物,因为它是回归的潜在可能性和我们人性的丧失,它存在于我们每个人的内心。对它的认识越深刻全面,我们就越无法自命为他人的审判官。

6. 人的心会变得刚硬;它会变得没人性,但绝不会变成非人类之物。它自始至终都是人之心。我们都被生而为人这个事实所决定,因而也被不得不作各种决定这项永不会结束的任务所决定。我们必须选择手段,连同目的一起。我们切不可依赖任何人的拯救,而应该清醒地认识到错误选择会使我们无法拯救自己这一事实。

确实,为了选择善,我们必须有认识——但是,在他人的痛苦不幸或亲切目光、鸟儿的婉转欢鸣或小草的青葱碧绿面前,倘若我们丧失了为之触动感怀的能力,那么没有任何认识能帮助我们。倘若人变得对生命无动于衷,那么任何他可能选择善的希望都将不复存在。如此一来,他的心确实会变得极其刚硬,乃至于他的“生命”都将终结。倘若这种事发生在全人类身上,或者发生在手握至高权力的几个人身上,那么或许在他们前途最光明灿烂的时刻,人类的生命也就此灰飞烟灭。

Erich Fromm
THE HEART OF MAN

图字：09－2020－816 号

图书在版编目(CIP)数据

人心：向善行恶之秉赋／(美) 艾里希·弗洛姆(Erich Fromm)著；罗娜译.—上海：上海译文出版社，2021.10 (2024.4 重印)
(弗洛姆作品系列)
书名原文：The Heart of Man：Its Genius for Good and Evil
ISBN 978－7－5327－8653－4

Ⅰ.①人… Ⅱ.①艾… ②罗… Ⅲ.①心理学 Ⅳ.①B84

中国版本图书馆 CIP 数据核字(2021)第 157295 号

人心：向善行恶之秉赋
〔美〕艾里希·弗洛姆 著 罗娜 译
责任编辑／范炜炜 装帧设计／柴昊洲

上海译文出版社有限公司出版、发行
网址：www.yiwen.com.cn
201101 上海市闵行区号景路 159 弄 B 座
上海新华印刷有限公司印刷

开本 890×1240 1/32 印张 6 插页 2 字数 105,000
2021 年 9 月第 1 版 2024 年 4 月第 4 次印刷
印数：12,001－15,000 册

ISBN 978－7－5327－8653－4/B·503
定价：48.00 元